AF390173

DAVID SOLER SEGURA

(Coordinador)

TENIS DE MESA:

FORMACIÓN DE ENTRENADORES
VOLUMEN I
LA INICIACIÓN

Título: TENIS DE MESA: FORMACIÓN DE ENTRENADORES VOLUMEN I. LA INICIACIÓN
Autor: DAVID SOLER SEGURA (COORDINADOR)

Editorial: WANCEULEN EDITORIAL
Sello Editorial: WANCEULEN EDITORIAL DEPORTIVA

ISBN (Papel): 978-84-18262-91-3
ISBN (Ebook): 978-84-18262-92-0

DEPÓSITO LEGAL: SE 1202-2020

Impreso en España. 2020

WANCEULEN S.L.
C/ Cristo del Desamparo y Abandono, 56 - 41006 Sevilla
Dirección web: www.wanceuleneditorial.com y www.wanceulen.com
Email: info@wanceuleneditorial.com

Prólogo I

Temporada tras temporada, afortunadamente, aparecen nuevos entrenadores llenos de ilusión por aprender y tener un gran futuro en el tenis de mesa, y por nuestra parte queremos dar, por medio de la Escuela Nacional de Entrenadores, herramientas para ayudar la eclosión, el cultivo y el despegue del talento de nuestros técnicos, y que la formación de calidad llegue a ser una de las señas de identidad de la Real Federación Español de Tenis de Mesa.

Queremos formar buenos entrenadores que nos ayuden a hacer crecer el tenis de mesa, a tener cada vez más y más practicantes, técnicos que sean un estímulo transformador de sus clubes y que podamos elevar el nivel de conocimiento dentro la comunidad del tenis de mesa español, a la vez que tengamos plena confianza en que desarrollaran su trabajo con totales garantías de seguridad física y psicológica, especialmente con los practicantes que puedan ser más sensibles como los niños y niñas, las mujeres y las personas con algún tipo de discapacidad.

Por otra parte, me gustaría utilizar estas líneas para pedir cinco cosas a los futuros entrenadores y entrenadoras:

Para empezar, que no olvidéis que la profesión de entrenador es una carrera de fondo. Normalmente no hay atajos para llegar a ser un gran entrenador. Paso a paso y aprended y disfrutad de cada una de las etapas en la que vais trabajando.

Mi segundo consejo es que no paréis nunca de aprender. Manteneros actualizados sobre los avances de la técnica y la táctica, las nuevas herramientas tecnológicas, el cuerpo humano, los nuevos métodos de entrenamiento, el cerebro de los niños y adolescentes, etc. El presente y el futuro nos facilita el acceso universal al conocimiento, y es algo que todos debemos aprovechar.

En tercer lugar, me gustaría que seáis valientes para tomar decisiones, aunque sean difíciles y a veces os equivoquéis. El entrenador debe tomar muchas decisiones, y si no lo haces tú, tal vez lo terminen haciendo otros por ti. Eso sí, bien razonadas y pensando en el beneficio de vuestros jugadores, vuestro club y vuestro tenis de mesa español.

En cuarto lugar, me gustaría animaros a que abordarais las conversaciones pendientes, y a afrontar los problemas y conflictos inevitables de vuestro trabajo, ya sea con padres, jugadores, directivos, otros entrenadores, etc. Es importante poner inteligencia a nuestras emociones, ya que la pasión con la que vivimos nuestro trabajo hace que a veces sea importante no dejarnos llevar por el temperamento.

Y finalmente, aprended de vuestros errores. Todos solemos cometer muchos con frecuencia, y a veces de un calado importante, pero un buen entrenador con futuro será el que aprende de sus errores y no vuelva a caer dos veces en el mismo.

El mañana de nuestro deporte pasa por vuestras manos. Os deseo a todos y a todas mucha suerte y lo mejor para el futuro.

Miguel Ángel Machado Sobrados
Presidente de la Real Federación Española de Tenis de Mesa

Prólogo II

Existen dos categorías (al menos) de libros sobre tenis de mesa: los primeros quieren mostrar cuanto sabe el autor, mientras que los segundos buscan ser útiles para los entrenadores en la sala de entrenamiento. Este libro pertenece a los segundos.

Ayudar a los entrenadores no consiste en darles programas y planificaciones prediseñadas, ni sesiones estándar a reproducir sin necesidad de ser adaptadas. Esto sería considerar a los técnicos como interpretes sin creatividad.

La creatividad de los técnicos es a la que debemos recurrir si queremos serles realmente útiles. Darles las bases de la especialidad, para luego animarles a construir sus propios procedimientos y métodos.

Hay tantos métodos como técnicos, cada uno tiene el suyo propio, pero sabemos que lo que impulsa a los entrenadores es poder crear e inventar para luego evaluar los resultados de su enfoque.

Se deben dar ejemplos y modelos de como hacer las cosas al principio de la formación, especialmente con los entrenadores que comienzan. Pero luego hace falta liberar rápidamente al joven técnico de estos modelos para permitirle que pueda adaptarlos a sus alumnos y a su propia sensibilidad. Jean Piaget[1] habló de acomodación y asimilación.

No hay dos jugadores iguales: cada uno tiene su propia comprensión, su propia imagen del tenis de mesa y, sobre todo, la propia representación de sí mismo jugando impregnada de las sensaciones y su placer al jugar. Nadie puede enseñar la relación binaria que debe seguir un entrenador en el acompañamiento de la progresión de su jugador.

Deseo que todos los entrenadores que lean este libro consideren las páginas que les interesen como puntos de partida para una creación personal, que les llevará a la verdadera satisfacción de ser el autor de su propio éxito y dominar todos los matices de su arte.

Gracias a los autores de este libro por haber puesto a su disposición estos materiales que van a permitir esta construcción.

Gérard Le Roy
Abril 2020

---

[1] (1) Jean Piaget (1896-1980), psicólogo suizo, autor de numerosos trabajos sobre pedagogía que escribió, entre otras cosas, "comprender es inventar".

ÍNDICE

INTRODUCCIÓN.. 17

BLOQUE 1. LA INICIACIÓN EN EL TENIS DE MESA........21

1. ¿QUÉ ES LA INICIACIÓN? (Autor: David Soler)....................................23
   1.1. Objetivos del módulo 23
   1.2. Introducción 23
   1.3. La iniciación dentro de las diferentes etapas de formación
        del jugador 24
   1.4. ¿Cuándo empieza y termina la iniciación? 26
   1.5. La iniciación dentro del sistema de formación de
        entrenadores en España 29
   1.6. Resumen del capítulo 30

2. LA IMPORTANCIA DEL JUEGO EN EL APRENDIZAJE DEL TENIS DE MESA
   (Autor: Alberto Martín) 31
   2.1. Objetivos del módulo 31
   2.2. Introducción 31
   2.3. El tenis de mesa dentro de los deportes motrices 36
   2.4. Los tipos de prácticas y su relación con el desarrollo del depor-
        tista y del tenis de mesa como deporte.....................................39
        2.4.1. La influencia del juego en el desarrollo del jugador de
               tenis de mesa...39
        2.4.2. La influencia del juego en el desarrollo del tenis de
               mesa como deporte...43
   2.5. El juego libre en el tenis de mesa 45
        2.5.1. El juego libre desde el punto de vista de la
               neuroeducación...51
   2.6. La influencia del educador/entrenador deportivo en
        el juego libre 54
   2.7. Conclusiones...56
   2.8. Referencias 57

3. COMPRENDER EL TENIS DE MESA (Autor: David Soler)......................59
   3.1. Objetivos del módulo 59
   3.2. Introducción 59
   3.3. Los tres niveles de análisis del tenis de mesa como deporte ..60
   3.4. La estructura del tenis de mesa...62

3.4.1. Reglamento técnico de juego 62
3.4.2. Espacio de juego 62
3.4.3. Material de juego: la pelota, maderas y gomas 63
3.4.4. Acciones pala-pelota 65
3.5. El juego de oposición 67
3.5.1. El jugador dentro del contexto de oposición 67
3.6. La acción técnico-táctica 68
3.6.1. La toma de decisiones 69
3.6.2. Los parámetros de juego 70
3.6.2.1. Colocación 70
3.6.2.2. Dirección 72
3.6.2.3. Trayectoria 72
3.6.2.4. Efecto 74
3.6.2.5. Velocidad 76
3.6.3. Los engaños 76
3.6.4. Los estilos de juego 77
3.7. Conclusiones 78
3.8. Resumen del capítulo 79
3.9. Referencias 80

4. ¿QUÉ APRENDER DURANTE LA INICIACIÓN? (Autor: David Soler) 81
4.1. Objetivos del módulo 81
4.2. El aprendizaje por competencias en la enseñanza del tenis
de mesa 81
4.3. Los ejes de trabajo en la iniciación 82
4.3.1. El eje 1: Construir el vínculo con el juego, la actividad
y el club 83
4.3.2. El eje 2: Construir la relación pala – pelota – cuerpo –
espacio – mesa 85
4.3.3. El eje 3: Establecer la relación con el juego de
oposición 101
4.3.4. Aspectos específicos para la iniciación con practicantes
de 4 a 7 años 106
4.3.5. Los objetivos con un grupo de iniciación con adultos 107

**BLOQUE 2. EL PROCESO DE ENSEÑANZA – APRENDIJAZE
EN LA INICIACIÓN** **109**

5. EL CONTEXTO DE APRENDIZAJE (Autor: David Soler) 111
5.1. Objetivos del módulo 111

5.2. El contexto de aprendizaje 111
5.3. El desarrollo del jugador 113
5.4. Resumen del capítulo 115
5.5. Referencias 115

6. EL ENTRENADOR (PARTE 1): ACOMPAÑAR AL JUGADOR DEBUTANTE
(Autor: David Soler) 117
6.1. Objetivos del módulo 117
6.2. Introducción 117
6.3. ¿Cómo soy como entrenador? 120
6.4. La iniciación, un recorrido que el jugador transita junto al
entrenador 122
6.4.1. El punto de partida 123
6.4.2. El Recorrido 124
6.4.3. Sintonía emocional y comunicación 125
6.4.4. La formación integral del deportista 125
6.4.5. El final del camino..126
6.5. Referencias 126

7. EL ENTRENADOR (PARTE 2): LAS COMPETENCIAS EMOCIONALES DEL
ENTRENADOR DE INICIACIÓN (Autor: Eduardo Lázaro) 127
7.1. Objetivos del módulo 127
7.2. Introducción 127
7.3. Enfoque intrapersonal (con uno mismo) 127
7.3.1. Ejercicios para el desarrollo de la inteligencia emocional
intrapersonal 130
7.4. Enfoque interpersonal (con los otros) 132
7.4.1. Ejercicios para el desarrollo de la inteligencia
emocional interpersonal 133
7.5. Entrenador y valores...135
7.6. Referencias 136

8. EL ENTRENADOR (PARTE 3): TRABAJAR CON CHICAS EN LA INICIACIÓN
(Autor: Galia Dvorak)...137
8.1. Objetivos del módulo 137
8.2. Las chicas en la iniciación 137
8.3. ¿Cómo atraer a las chicas para que jueguen al tenis
de mesa?...141
8.4. Referencias 142

9. LAS RELACIONES SOCIALES ENTRE COMPAÑEROS DE ENTRENAMIENTO COMO MOTOR DE APRENDIZAJE (Autor: David Soler).................... 143
    9.1. Objetivos del módulo 143
    9.2. Introducción 143
    9.3. El aprendizaje cooperativo 144
    9.4. Debates durante el entrenamiento............................ 145
    9.5. Tutoría entre iguales 147
    9.6. Los sparrings.. 148
    9.7. Referencias.. 148

10. EL ENTRENAMIENTO DE INICIACIÓN (Autor/es: Aitor Puig, David Soler, Eduardo Lázaro, Óscar Roitman)... 149
    10.1. Objetivos del módulo 149
    10.2. La construcción del jugador 149
    10.3. Metodología del entrenamiento para la iniciación 150
        10.3.1. El juego libre.. 151
        10.3.2. El juego en el entrenamiento 152
        10.3.3. Descubrimiento guiado 152
        10.3.4. Resolución de problemas 153
    10.4. La sesión de entrenamiento de iniciación con niños y jóvenes 153
        10.4.1. ¿Cómo crear una actividad?........................ 156
        10.4.1.1. Objetivos de la actividad 156
        10.4.1.2. Guía para elaborar una actividad 157
        10.4.1.3. ¿Cuánto debe durar una actividad? 157
        10.4.2. Partes de la sesión de entrenamiento.................... 158
        10.4.2.1. El calentamiento 159
        10.4.2.2. La parte principal..................................... 160
        10.4.2.3. La vuelta a la calma 164
        10.4.3. Organización de las sesiones........................ 165
        10.4.3.1. Adaptación de las sesiones 165
        10.4.3.2. La evolución entre sesiones 168
    10.5. El clima motivacional durante el entrenamiento 168
    10.6. Referencias.. 170

11. EL APRENDIZAJE CON ADULTOS DE INICIACIACIÓN (Autor: Josep Llopart).. 171
    11.1. Objetivos del módulo 171
    11.2. Introducción 171
        11.2.1. Antecedentes 172
        11.2.2. La motivación de los practicantes adultos 172

11.2.3. La primera impresión 173
11.3. Características generales de los adultos de iniciación 174
11.4. Los objetivos 176
    11.4.1. Superar el desencanto 176
    11.4.2. Crear buen ambiente 176
    11.4.3. ¿Estoy aprendiendo? 178
    11.4.4. La primera "muralla" 178
11.5. Los ejes de trabajo con adultos 179
11.6. Conclusiones 179

12. LA COMPETICIÓN CON DEBUTANTES (Autor/es: Eduardo Lázaro y Óscar Roitman) 181
12.1. Objetivos del módulo 181
12.2. La competición con debutantes 181
    12.2.1. La competición como herramienta formativa 183
    12.2.2. Competiciones alternativas 184
    12.2.3. ¿Cuándo empezar a competir? 185
    12.2.4. El rol del entrenador durante la competición 185
12.3. Gestionar la frustración: una herramienta psicológica 186

13. LAS FAMILIAS EN EL PROCESO DE APRENDIZAJE (Autor: Josep Llopart) 187
13.1. Objetivos del módulo 187
13.2. Las familias en la iniciación 187
13.3. Deporte como contexto de relación familiar 188
13.4. Ejes fundamentales de la relación entrenador – familia 189
    13.4.1. La confianza 189
    13.4.2. El respeto mutuo 190
    13.4.3. Valores comunes 191
13.5. La comunicación entre entrenador y familia 191
    13.5.1. Reuniones grupales y reuniones individuales 191
    13.5.2. Rendimiento académico 193
    13.5.3. El rol deportivo de las familias 194
    13.5.4. ¿Cuáles son las demandas de las familias a los entrenadores? 196
13.6. La tradición familiar 196
13.7. Referencias 197

ANEXO 1: FICHAS CON EJEMPLOS DE JUEGOS Y ACTIVIDADES (Autor: Aitor Puig) 199

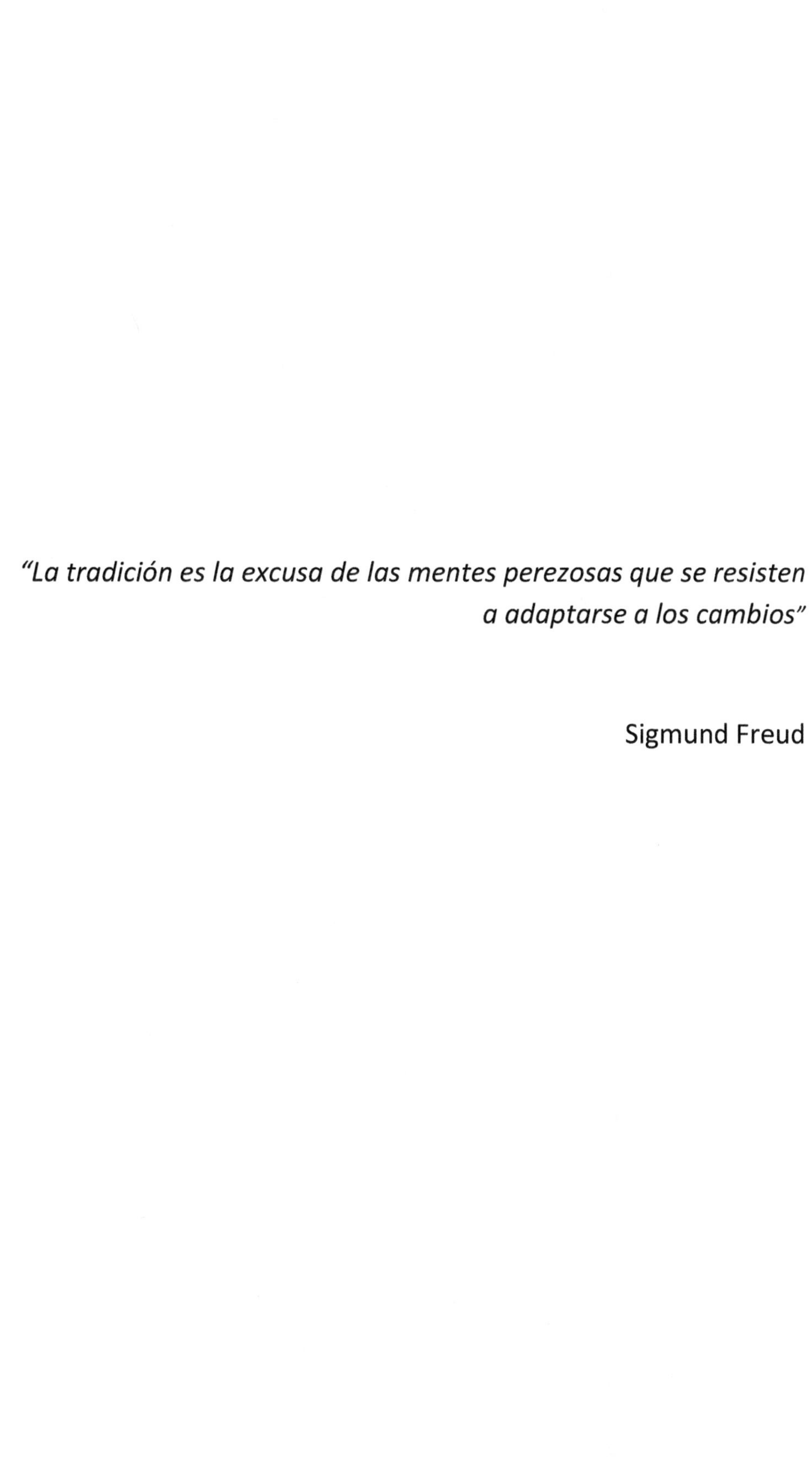

"La tradición es la excusa de las mentes perezosas que se resisten a adaptarse a los cambios"

Sigmund Freud

INTRODUCCIÓN

"Las cárceles, los hospitales y las escuelas presentan similitudes porque sirven para la intención primera de la civilización: la coacción"
Michel Foucault

No es verdad que los niños de hoy no quieren aprender. No es verdad que a los adolescentes solo les interesan los video-juegos, el móvil y las redes sociales. ¡Los entrenadores tenemos delante un grupo de jóvenes con ganas de ser seducidos, de entusiasmarse, de aprender y crear vínculos con los compañeros! Entonces, ¿por qué a veces nos cuesta tanto?

Con el fin de dar a los jugadores la mejor enseñanza, tradicionalmente los entrenadores nos hemos dedicado a disciplinar los cuerpos de *nuestros jugadores*, amaestrándoles y bien tecnificados para competir. Un "disciplinamiento" físico, técnico-táctico y actitudinal siguiendo patrones y tendencias del momento.

Podemos observar algunos ejemplos de estas pedagogías en nuestra vida deportiva cotidiana:

- Cuando el entrenador da consignas sin parar a un jugador que obedece con la mejor de sus intenciones.

- Cuando el jugador se esfuerza para acercarse cada vez más al gesto técnico ideal que el entrenador le dicta.

- Cuando vemos a entrenadores que, durante un partido, no dejan de dar consignas tácticas a sus jugadores sin permitir que el jugador piense.

- Cuando en un partido el entrenador recrimina al jugador que prueba un golpe creativo.

- Cuando se hace un ejercicio de multibolas tan repetitivo, que el jugador se aburre y actúa mecánicamente desconectado emocionalmente del ejercicio.

- Cuando en un grupo de iniciación se reproduce un entrenamiento típico de deportistas de alto nivel.

- Cuando en la iniciación el resultado de la competición ya es importante.

- Cuando un entrenador expulsa del entrenamiento un niño por hablar.

Podría parecer que estas prácticas descritas son típicas de un entrenador tirano. Sin embargo, también pueden ser hechas desde la buena fe y con un clima afectivo y cálido por parte del entrenador. El problema no es la actitud o carácter del entrenador, sino unas pedagogías que causan el abandono de muchos practicantes, y no fomenta el crecimiento del tenis de mesa como deporte.

Frente a estas pedagogías que buscan que los jugadores sigan unos patrones a rajatabla, tenemos otra alternativa que no aspira a educar los cuerpos, sino educar a partir del cuerpo (creatividad, emociones, sentidos, movimiento,…). Cambiar esta mirada es dejar de ver al deportista como un cuerpo dócil al que debemos domar, para pasar a ver al deportista como actor principal de sus emociones y su propio cuerpo, construyendo su autonomía y libertad. En esta línea pedagógica nos encontramos algunos ejemplos:

- Cuando vemos a un entrenador que anima a los niños y niñas a disfrutar jugando en su hogar a pingpong sobre la mesa de la cocina, sin miedo a que esto vaya a causar malos hábitos técnicos.

- Cuando en las sesiones de entrenamiento de iniciación se hacen juegos y no ejercicios.

- Cuando vemos entrenadores que promueven espacios de juego libre en los entrenamientos, y creen en el juego lúdico como un medio de aprendizaje.

- Cuando el entrenador planifica sus entrenamientos tomando el entusiasmo de los practicantes como una prioridad.

- Cuando un jugador veterano juega unas "pachangas" con los jóvenes del club.

- Cuando se permite a los jugadores ser creativos e investigar por ellos mismos para poder enriquecer su técnica.

- Cuando en los partidos o entrenamientos, el entrenador pregunta más que ordena, e individualiza el trato y el entrenamiento de cada jugador.

- Cuando se invita a las familias al club a jugar a pingpong con sus hijos, para que puedan pasar un rato agradable.

- Cuando se tienen en cuenta las emociones en el entrenamiento, como factor que influye y refuerza la técnica y la táctica.

- Cuando un entrenador de jugadores élite construye un proyecto deportivo sólido escuchando y partiendo de cada deportista, poniéndole en el centro.

Para desarrollar una pedagogía para el tenis de mesa a partir del movimiento, creatividad, libertad y las emociones, hemos dado a este libro un enfoque humanista. El enfoque humanista que utilizaremos, basado en los últimos descubrimientos de la neurociencia y la educación, es la doctrina que afirma que el ser humano debe ser tenido en cuenta, darle prioridad. Significa tomar la persona como un elemento básico sobre cualquier reflexión o actividad, que nos lleva a la figura del entrenador como un artesano que tienen en cuenta a los que tiene a su lado, se adapta a los jugadores para colocarles como protagonistas del proceso de aprendizaje para lograr sacar, de cada uno, su mayor potencial, lograr los objetivos deportivos, y generar unas relaciones más satisfactorias tanto para el entrenador como para el jugador y su entorno.

Nuestro deporte necesita elevar el debate educativo, y nosotros hemos decidido hacerlo escribiendo. Este libro es el primero de una trilogía que abarcará los tres campos que dibujan el mapa formativo del entrenador de tenis de mesa: la iniciación, la tecnificación y el alto rendimiento. En este primer tomo, se abordará la enseñanza durante la iniciación al tenis de mesa. A menudo se ha pensado que la iniciación es para el "entrenador básico", y con este libro se quiere alzar la figura del entrenador de iniciación como un gran formador y promotor de nuestro deporte.

Para escribir esta obra y poder hacer realidad mi visión, me junté con diferentes profesionales, personas ricas en experiencias singulares y conocimientos diversos. Es por ello que este trabajo es fruto de la inteligencia colectiva trabajando para llegar a lugares que no hubiéramos podido lograr de forma separada. Ha sido un placer poder coordinar este trabajo para lograr tejer un libro coherente y completo.

Finalmente, me gustaría decir que cuando empecé a imaginarme este libro, el punto de partida fue hacer un ejercicio inspirado en la relectura de Gérard Le Roy, tomando como punto de partida sus materiales elaborados en 1993 para la *Federació Catalana de Tennis Taula*, y que sirvieron para formar a muchas generaciones de entrenadores. Este proyecto quiere recuperar la esencia revolucionaria que supuso el mensaje de Gérard en su día y aspira a tomarle el relevo.

David Soler

BLOQUE 1

LA INICIACIÓN EN EL TENIS DE MESA

Capítulo **1**
¿QUÉ ES LA INICIACIÓN?

David Soler

"El comienzo es la parte más importante de la obra"
Platón

1.1. OBJETIVOS DEL MÓDULO

- Contextualizar la iniciación dentro de las diferentes etapas formativas del jugador.
- Definir los objetivos y medios generales de la iniciación, tecnificación y alto rendimiento.
- Conocer la importancia de crear el contexto más adecuado para que los niños se desarrollen física y socialmente, por medio de acompañarles en sus necesidades físicas, cognitivas, sociales y emocionales.
- Establecer los criterios para saber cuándo empieza y termina la iniciación.
- Explicar el sistema formativo de entrenadores de la Real Federación Española de Tenis de Mesa, y ver el lugar que ocupa la iniciación.

1.2. INTRODUCCIÓN

Este libro está pensado para aquellos aficionados, entrenadores, monitores, directivos, familiares, amigos y jugadores interesados en la iniciación al tenis de mesa. La iniciación es, según la RAE, "proporcionar a alguien los primeros conocimientos o experiencias sobre algo", o sea, la etapa en la cual el jugador empieza a construirse. Para empezar, en este primer capítulo, puede ser muy interesante ponernos de acuerdo sobre qué es exactamente la iniciación.

Más adelante, a lo largo de los siguientes capítulos, proponemos un recorrido formativo con el fin de ayudar a que federaciones, clubes, monitores y entrenadores puedan proporcionar, de forma satisfactoria, todos estos primeros conocimientos y experiencias que los debutantes tienen durante sus primeros pasos en el tenis de mesa.

1.3. LA INICIACIÓN DENTRO DE LAS DIFERENTES ETAPAS DE FORMACIÓN DEL JUGADOR

Existen tres etapas en las que podemos encontrar al jugador en relación a sus objetivos y prácticas: iniciación, tecnificación y alto rendimiento. Esta clasificación podría ser otra, pero hacerlo así nos permite ser coherentes con el sistema formativo de entrenadores de la Real Federación Española de Tenis de Mesa, además de ser un fiel reflejo de la realidad y experiencia de los entrenadores.

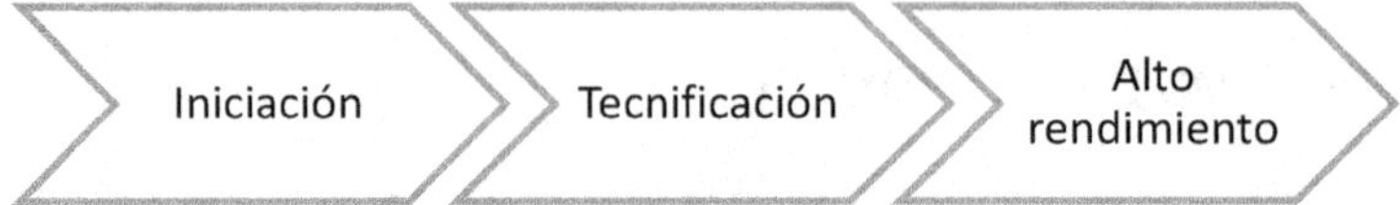

Esquema I. Etapas de formación del jugador en el Tenis de Mesa.

En primer lugar tenemos la **iniciación**; una etapa muy importante para el crecimiento y desarrollo del tenis de mesa como deporte y su base social. Además, la iniciación es también fundamental para el jugador, la fase que sembramos para que los talentos del debutante puedan florecer en un futuro. El jugador empieza a construirse.

La iniciación es un momento crucial en que el jugador decide si le gusta el tenis de mesa, y se pregunta si quiere seguir jugando y vinculado con el club. Es por ello que uno de los grandes objetivos del entrenador en la iniciación deben ser la diversión y el aprendizaje como un todo inseparable. Dicho en otras palabras, que aprendan más, se lo pasen mejor y quieran seguir jugando.

Otro punto importante en la iniciación son las expectativas del entrenador. Para poder realizar un buen trabajo es necesario que el entrenador aparque su enfoque elitista, deje de buscar los resultados inmediatos y apartar a los que "no sirven". El entrenador de iniciación no puede clasificar a los jugadores entre futuras promesas y los que no lo son, en primer lugar porqué la experiencia nos muestra que aunque hay una parte genética, lo importante es que el talento se desarrolle con el tiempo y esto no lo podemos valorar en las primeras etapas, y en segundo lugar porqué estaríamos haciendo un flaco favor a nuestro club y al tenis de mesa, perjudicando su difusión, crecimiento y promoción.

> Si los objetivos del entrenador de iniciación son hacer crecer el deporte, que los debutantes (y sus familias) se enamoren del tenis de mesa, y crear la base sobre la cual se desarrolle los talentos de cada practicante, ¿por qué seguimos pensando que el mejor entrenador de iniciación será aquel que haya formado a un campeón en su equipo?

Después de la iniciación el jugador pasa a la larga fase de **tecnificación**, en la que aunque la diversión debe seguir presente, el aprendizaje más estructurado y la repetición toman un papel cada vez mayor. En esta fase se encuentran generalmente todos los jugadores que compiten y quieren mejorar, independientemente de nivel, objetivos y expectativas. Se trabajan y consolidan las bases del juego a partir del aprendizaje y perfeccionamiento de toda la técnica, de la conciencia táctica, de la gestión mental del partido, comienzo de la preparación física, etc., además de ir construyendo paulatinamente la autonomía del jugador tanto en la competición como en su entrenamiento.

En la tecnificación, aunque la competición debe ser entendida como una herramienta para el crecimiento, va apareciendo la noción de rendimiento y de buscar resultados. Es por ello que en esta fase unos de los objetivos del entrenador y de las federaciones es la detectar el talento. Cómo este libro no tiene como objetivo la tecnificación, no profundizaremos mucho sobre ello, aunque para estimular la reflexión del lector, nos gustaría decir que la mirada que tenemos sobre la detección de talentos es a partir de abandonar la idea de que el talento es sinónimo de la alta habilidad innata. Proponemos que existen múltiples talentos que no son estáticos ni fijos. A pesar de que hay una parte de "cualidades innatas", vemos que cada jugador tiene una historia que le ha permitido, o no, desarrollar su talento gracias a las actividades en las que ha participado.

Finalmente, algunos deportistas de tecnificación (una minoría), pasan a la fase de **alto rendimiento** en la que priman los resultados y lograr los objetivos en las competiciones, a partir de una individualización del entrenamiento que abarca el desarrollo y la profundización de la propia filosofía de juego, de la técnica personal, de un plan de entrenamiento individual, preparación física y psicológica adaptada al estilo de juego, la conciliación entre la vida personal y las exigencias deportivas del alto rendimiento, higiene de vida, construir proyectos personales fuera del tenis de mesa, planificar la retirada de la competición, etc. Como en todas las fases, será primordial el vínculo que se forme entre el entrenador y jugador para construir juntos un proyecto deportivo sólido.

1.4. ¿CUÁNDO EMPIEZA Y TERMINA LA INICIACIÓN?

La iniciación empieza cuando un nuevo jugador se apunta por primera vez a una actividad o entrenamientos dirigidos, ya sea en un club, escuela, asociación, etc. Algunas veces, ya habrán jugado antes de forma lúdica y en otras será la primera vez que tengan una pala en la mano. En todos estos casos, a pesar de las diferencias del nivel inicial de cada uno de ellos, generalmente se abordaran unos aprendizajes básicos coordinativos, técnico-tácticos, conceptuales y actitudinales, y se construye el vínculo con el deporte y el club. Además, la iniciación es un periodo en que se suelen dar los primeros contactos con la competición oficial. A lo largo de este libro, profundizaremos más sobre todos estos aspectos.

> Si la iniciación es el primer contacto con la actividad formal, y crear un vínculo entre el debutante y el club es un objetivo prioritario, es muy importante, en todos los casos, cuidar y dar una buena acogida al futuro jugador y a su familia.

¿A qué edad es mejor empezar a jugar? Si pensamos en el futuro alto nivel, un estudio realizado en 2016 sobre la edad de inicio de los jugadores del equipo nacional de Francia benjamín y alevín, mostró que la media de edad era de cinco años y medio. De todos modos no debemos ser esclavos de esta estadística ya que, por un lado, vemos que hay pequeños que con cuatro años ya están preparados para empezar y, por otro lado, sabemos que hay jugadores que han alcanzado un nivel muy alto empezando algunos años más tarde. Sin embargo, no podemos esconder que la precocidad es una condición normalmente *sine qua non* para poder llegar al alto nivel.

A pesar de estos datos, es un error clasificar los jugadores que se inician entre futuras promesas y jugadores que no valen. El entrenador de iniciación tiene la obligación de atender y animar a todos por igual, tanto para hacer crecer el deporte, como cumplir con la declaración de los derechos de la infancia adoptada por las Naciones Unidas[2]. La educación debe partir del libre consentimiento, y el entrenador deberá ejercer su papel en tres ámbitos: estimular al niño, reforzar su personalidad y promover la interacción con los compañeros/as. Se debe crear el contexto más adecuado para que los niños se desarrollen física y socialmente, acompañándoles en sus **necesidades físicas** (alimentación adecuada, higiene corporal cuidada y una actividad corporal variada para favorecer su desarrollo motor), **necesidades cognitivas** (estimulación sensorial variada y relacionada con la capacidad del niño, ofrecerle un ambiente adecuado para explorar y conocer su entorno

---

[2] https://www.ohchr.org/SP/ProfessionalInterest/Pages/CRC.aspx

físico y social, y ayudarle a comprender el significado de las cosas y la realidad que le rodea), y **necesidades emocionales y sociales** (seguridad emocional, que implica la necesidad que tiene el niño de sentirse aceptado y querido, relacionarse con otros niños y niñas como él y con otras personas que hay a su alrededor, participar dentro del ámbito social en las diferentes situaciones, siendo cada vez más autónomo y estableciéndole los límites en cuanto a la conducta que siempre deben ser coherentes y definidos mediante normas, ser protegido del riesgos imaginarios y jugar: el juego favorece la oportunidad de pasarlo bien, de aprender y de relacionarse).

> Por lo tanto, si nos preguntamos sobre a qué edad es mejor empezar a jugar, la respuesta es que lo son todas. Debemos cuidar todos los perfiles y todos los públicos. Algunos llegaran a ser jugadores de los equipos del club, unos pocos llegaran a ser muy buenos, otros se irán a otros clubes, algunos serán entrenadores en un futuro, otros directivos, voluntarios, padres de futuros jugadores, etc. Ser buen entrenador de iniciación es hacer crecer el deporte y lograr muchos futuros relacionados con el tenis de mesa.

La propuesta de este libro está pensada, en líneas generales, para la iniciación con jóvenes de aproximadamente 5 a 12 años, aunque también se tocan temas como los aspectos específicos del trabajo con adultos de iniciación. En todos los casos, sabemos que no existen recetas y que las propuestas que se hacen deben adaptarse a cada contexto concreto y perfil de jugador determinado.

¿Cuándo termina la iniciación? Depende mucho de la estructura de cada club y la organización de su horario semanal, del perfil de los grupos de entrenamiento, de las edades de los jugadores, de la velocidad en la que un jugador ha progresado, de las motivaciones, etc. Pero en líneas generales, podemos decir que la iniciación termina cuando se han logrado los objetivos de enseñanza para la iniciación que veremos desarrollados en el capítulo 4. Éstos son necesarios para que un jugador pueda tener las bases, motivación, implicación y nivel de juego suficiente para empezar a perfeccionar su juego en un grupo de tecnificación.

Sin embargo, en casos puntuales vemos que la iniciación no es necesaria especialmente con aquellos que han practicado anteriormente otros deportes de raqueta, o han jugado muchas horas a pingpong de forma lúdica en el parque, en el patio del colegio, en casa, etc., y ya han aprendido de forma espontánea lo que se aprende en la iniciación. En estos casos, podemos hacer que un jugador empiece directamente en un grupo de tecnificación sin pasar por la iniciación, aunque con ellos, sin embargo, será necesario dedicarles algún tiempo extra y cuidar algunos aspectos importantes que se logran en la iniciación como vincularle a él y su la familia al club, o comprobar que domine bien los elementos técnicos básicos de la iniciación (como por ejemplo la buena empuñadura, mirar que su técnica de derecha y revés no tenga "gestos parásitos", servicios reglamentarios, calidad de su pala, etc.), y pensar bien como haremos su inserción en la competición oficial.

> Al igual que con los *cracks* de futbol que aprendieron jugando en la calle, cuando nos hemos encontrado con jugadores que no necesitan hacer la iniciación porque ya la "han hecho" espontáneamente fuera de un club, a menudo vemos en ellos unas cualidades muy positivas (en términos coordinativos, de habilidad, creatividad y táctica) que difícilmente existen en los jugadores formados desde cero en una actividad dirigida. Uno de los grandes retos de este libro será detectar estos beneficios del aprendizaje informal y del juego libre, para poderlos llevar a la sala de entrenamiento.

Mi padre nació en el 64 en la provincia de Donetsk y unos años más tarde toda la familia se mudó a Kiev. Él era el pequeño de tres hermanos y la educación que recibió en casa era muy exigente pero aun así, mi padre pasó horas y horas de su infancia jugando a fútbol en el parque en frente de casa junto a los niños del barrio parando sólo cuando su madre le llamaba para comer. También, en ocasiones, para matar el rato jugaba a pingpong en la mesa del comedor contra su hermano o daba toques con la pala contra el techo de casa, tarea nada fácil. Estuvo un tiempo jugando a fútbol en ligas escolares pero en ocasiones también jugaba a tenis de mesa en una sala pequeña de lo que podría ser el equivalente a un centro cívico de la URSS. Allí, se enfrentaba a aficionados de diferentes edades y muchas veces ganaba. Cuando con nueve años su padre quiso apuntarlo a clases de tenis de mesa en el club más cercano, al principio el entrenador se negó. En la Unión Soviética los niños empezaban a entrenar con siete años y con nueve "ya era muy tarde para él". Intentando convencer al entrenador, le explicaron que el chico ya sabía jugar. Eso en un principio fue peor ya que el entrenador tenía miedo a que hubiese adquirido malos hábitos y entonces sería aún más difícil enseñarle. Aun así, cuando vio como jugaba decidió aceptarlo en el grupo. Al cabo de muy poco tiempo mi padre ya ganaba al resto de chicos que llevaban dos años entrenando regularmente. Llegaron los títulos locales, luego fue campeón nacional de la URSS dos veces y finalmente llegó a la selección con la que entre varios éxitos, ganó la medalla de bronce por equipos en el mundial de Dortmund de 1989.

Es imposible saber cuánto impacto tuvieron en sus resultados aquellos inicios y aquella infancia en la que jugó mucho a fútbol pero también pasó muchas horas entreteniéndose con una pala de tenis de mesa en las manos. Lo que está claro es que esas horas, le permitieron desarrollar una serie de habilidades que no tenían sus compañeros y que fueron cruciales al inicio de su carrera.

Galia Dvorak

1.5. LA INICIACIÓN DENTRO DEL SISTEMA DE FORMACIÓN DE ENTRENADORES EN ESPAÑA

En España, la enseñanza para entrenadores es un título oficial, y a diferencia de los títulos federativos que se dieron en los cursos de entrenadores realizados en el pasado (los que su validez es exclusiva dentro del ámbito federativo), actualmente es una formación homologada por las instituciones educativas.

Los cursos oficiales constan de un bloque común para las enseñanzas de todos los deportes, un bloque específico para el tenis de mesa, y un periodo de prácticas. La enseñanza del tenis de mesa está organizada en 3 niveles distintos; a grandes rasgos, se puede decir que el nivel 1 está orientado a la iniciación, el 2 a la tecnificación y el 3 al alto rendimiento. Para poder acceder al nivel 1 es necesario superar los criterios de acceso específicos marcados en el plan formativo, y no se podrá pasar de nivel hasta tener el nivel anterior superado.

En el caso del nivel 1, en el bloque común se estudian aspectos relacionados con las bases del comportamiento deportivo, actividad física y discapacidad, primeros auxilios y organización deportiva, mientras que este libro contiene el material de estudio del bloque específico.

1.6. RESUMEN DEL CAPÍTULO

- La iniciación, que se estudia en el nivel 1 de los cursos de entrenador de la formación homologada en España, es la primera fase de entrenamiento en la carrera de un jugador, previa a la tecnificación y al alto rendimiento.
- Cuando un jugador adquiere los objetivos de aprendizaje propuestos para la iniciación, el jugador debe pasar a entrenamientos de otras características y objetivos (tecnificación).
- El entrenador de iniciación debe animar y fomentar por igual a todos los practicantes a través de una práctica divertida. No se debe tener una actitud resultadista ni de ir a detectar el talento (estos dos objetivos vienen en etapas posteriores), ya que esto perjudica tanto la enseñanza como al desarrollo del tenis de mesa como deporte.
- Aunque la precocidad y empezar pronto es importante para lograr el alto nivel, la iniciación no es solamente para los más jóvenes. También los adultos son un público que debemos cuidar para hacer crecer nuestro club en particular, y el tenis de mesa en general.
- Hay jugadores que no necesitan pasar por la iniciación en un club, ya que han aprendido de forma espontánea en su casa, en el parque, etc. Estos jugadores a menudo presentan unas características muy interesantes gracias a su aprendizaje informal. Es por ello que este libro busca estudiar las características de este aprendizaje informal para llevar estos beneficios al entrenamiento formal en un club.

Capítulo **2**
LA IMPORTANCIA DEL JUEGO EN EL APRENDIZAJE DEL TENIS DE MESA

Alberto Martín Barrero

2.1. OBJETIVOS DEL MÓDULO

- Conocer los origines del juego como actividad motriz y su relación con el tenis mesa.
- Entender los elementos y estructuras básicas de la práctica y sus beneficios para el desarrollo deportivo del jugador de tenis mesa.
- Analizar y comprender los elementos que componen el juego o práctica libre como medio de aprendizaje en las etapas iniciales.
- Asimilar el rol que tiene el educador/entrenador deportivo como pieza fundamental para el fomento y el desarrollo del juego libre.

2.2. INTRODUCCIÓN

El concepto de juego o de "jugar" tiene una relación muy directa con el entretenimiento, el ocio o la capacidad de divertirse. De hecho, el origen etimológico de esta palabra procede del latín "iocus", que podría traducirse como "hacer algo con alegría". En su evolución al Castellano, según la RAE (Real Academia de la Lengua Española) define jugar como "hacer algo con alegría con el fin de entretenerse, divertirse o desarrollar determinadas capacidades" y al juego como la acción o el efecto de jugar por entretenimiento. Desde un punto de vista más técnico podemos considerar al juego como "una actividad (física o pasiva) libre o voluntaria, pura, improvisada, intrínseca o espontánea y placentera, practicada durante el ocio que se lleva a cabo con el propósito principal de divertirse o entretenerse y de la cual se deriva placer, expresión personal y satisfacción, de manera que la participación en el propio juego provee la gratificación deseada". Este concepto de juego ha ido evolucionando a lo largo de la historia, desde las diferentes actividades físicas y motrices hasta los juegos deportivos o deportes que existen en la actualidad.

Actualmente, el juego está muy asociado al ámbito infantil, siendo una actividad muy asociada y casi exclusivamente asociada a los niños y niñas en edades tempranas o casi adolescentes. Posiblemente si buscamos en la actualidad una relación sobre lo que el ser humano interpreta como juego y los tipos de juego que hay, no sería extraño que la mayoría lo asocie a los juegos interactivos o videojuegos y a los juegos de mesa, producto de los hábitos sedentarios que hoy en día tiene el ser humano.Pero este hecho esta muy lejos de la realidad, debido a que el juego forma parte de la vida del ser humano desde sus inicios, y más concretamente el juego desde la perspectiva motriz, es decir, desde el movimiento. Y es que tal como nos indica el escritor y poeta inglés Charles Lamb, "el hombre es una animal que juega", englobando a hombres y mujeres de diferentes edades, desde niños hasta ancianos. Ya en las diferentes civilizaciones se han encontrado evidencias y restos arqueológicos que han demostrado que el juego fue una parte muy importante de las diferentes culturas y civilizaciones que se han desarrollado a lo largo de la historia. Desde las actividades de caza y pesca que permitían la supervivencia del ser humano en la prehistoria, pasando por las actividades de lucha que permitían adquirir destrezas y habilidades para las batallas y eventos bélicos, hasta los juegos deportivos actuales que son parte del ocio en la actualidad, el ser humano ha utilizado el juego como una herramienta con diferentes finalidades y características.

¿Por qué el ser humano ha considerado el juego como parte importante de su vida a lo largo de la historia? Entender este hecho es primordial para poder esclarecer la importancia del juego como elemento fundamental del proceso enseñanza-aprendizaje, ya que es una de las herramientas educativas y formativas más importante con la que cuenta hoy la educación física y el deporte.

Finalidades del juego:

- El juego como generador de cultura y de identidad de los pueblos y civilizaciones (comunicación entre pueblos).
- Generador de conductas y pautas de comportamiento (aprendizaje y desarrollo motriz y cognitivo).
- Elemento sociabilizador.

En la actualidad, el juego es entendido desde un punto de vista recreativo y lúdico, y como tal debe reunir las siguientes características:

- Son patrones de actividades activas o pasivas. (no tiene que ser necesariamente de tipo físico).
- Es espontáneo y libre.
- Su práctica debe ser placentera.
- La participación en el propio juego representa la recompensa deseada, sin pensar en beneficios ulteriores.

- No tiene un fin determinado.
- Se practica durante el ocio.
- Puede ser repetitivo.
- Comúnmente la persona que juega se desvincula del tiempo.
- Son gobernados por reglas implícitas o explícitas.
- Comúnmente no es competitivo.

2.3. EL TENIS DE MESA DENTRO DE LOS JUEGOS MOTRICES

El tenis de mesa tiene hoy en día un gran número de practicantes a nivel mundial. Según datos del Comité Olímpico internacional, el tenis mesa es uno de los deportes que más practicante aglutina en el mundo, siendo China el país que aglutina más cantidad de ellos con una cifra cercana a los 100 millones de practicantes. Aún así, sus orígenes no están claramente definidos. Es a finales del siglo XIX, allá por 1870 cuando el tenis de mesa surge en Inglaterra, donde se utilizaba un juego parecido los días de lluvia, el cual se practicaba en una mesa de billar o comedor y se utilizaba una cuerda para dividirla en dos campos. Las pelotas utilizadas en sus inicios eran las mismas que se utilizaban para otros juegos infantiles o incluso se utilizaban tapones de corcho adaptados. En cuanto a las raquetas, se utilizaban cajas de puros o incluso remos infantiles adaptados. Posteriormente, sobre los años 80 del siglo XIX, se empezó a comercializar este juego, hasta denominarse "Juego de tenis de salón en miniatura". La evolución del material de la pelota de corcho a celuloide supuso un cambio en la denominación del juego, pasándose a llamar Ping-Pong, debido al sonido que hacía la bola al contactar con las raquetas y la mesa.

A inicios del siglo XX el Ping-Pong irrumpe en la sociedad, organizándose en Inglaterra torneos que superan los 300 participantes y con recompensa económica para los ganadores. Es también en estas fechas cuando aparecen las primeras publicaciones (libros y revistas) sobre este juego, principalmente en Inglaterra y Estados Unidos. A partir de 1920 se expande el deporte en Europa y en 1926 aparece se crean las reglas y estatutos del tenis mesa a través de la Asociación Inglesa de Tenis de Mesa, la cual organizaría el primer campeonato del mundo. Es a partir de este campeonato cuando se crea la Federación Internacional de Tenis de Mesa (I.T.T.F.). En 1988 el Tenis Mesa se consagró como deporte mundialmente reconocido al integrarse como deporte en el programa olímpico durante los Juegos Olímpicos celebrados en Seúl (Corea del Sur).

Una vez analizado sus orígenes y siguiendo la categorización que hace Parlebás (2001) sobre las actividades y juegos motrices, el tenis mesa se encontraría dentro de la categoría de juegos deportivos institucionales o deporte, entendido este como aquel juego dirigido por una institución reconocida, normalmente una federación, y que por lo tanto, está consagrado por las instituciones deportivas. Además estos juegos tienen reglamento registrados y tienen cierta relación con el espectáculo.

Pero según su naturaleza motriz y siguiendo los criterios de clasificación de Parlebás (1981) podríamos categorizar las actividades motrices según:

(I) Interacción con el medio o entorno físico.

(C) Interacción con el compañero.

(A) Interacción con el adversario

Si relacionamos esta propuesta con la lógica interna del Tenis de Mesa, tenemos un deporte con una situación motriz AI, es decir con interacción con el entorno (I), que sería la mesa, y con un adversario (A). Además podemos añadir, siguiendo la clasificación de Moreno (1994), donde se discrimina otros como el tipo de espacio (común/separado), o el tipo de participación (alternativa o simultánea), que el Tenis Mesa es una situación motriz con un espacio separado, en este caso por una red, y de participación alternativa, ya que la participación directa depende del contacto con la bola. Además, Almond (1986, cit. Devís & Peiró, 1992: 162) propone para los juegos de pelota una clasificación particular divida en cuatro subgrupos:

a) Blanco y diana
b) Bate y campo
c) Cancha dividida (red o muro).
d) Invasión.

El tenis de mesa estaría categorizado dentro del subgrupo C (red), en juegos de pelota de cancha dividida (en este caso por una red), entendiendo este tipo de actividad como lanzamientos del móvil a espacios alejados del oponente para impedir su devolución o lo haga en malas condiciones y se pueda obtener ventaja. Colocación para reducir espacios y mejorar la efectividad en la devolución.

Pero si profundizamos en el tenis de mesa como actividad motriz, podríamos encontrarla en un subgrupo de deportes que tienen ciertas particularidades. Tal y como se analizó en el modulo uno de esta obra, el tenis de mesa es un juego deportivo caracterizado por dos elementos principales:

la pelota y un implemento (la pala). Este hecho le hace tener unas características particulares como deporte, ya que entraría dentro de la familia de los deportes con implementos. Estos tienen una serie de características que los diferencian claramente del resto:

- Uso de un implemento, pudiéndose en forma de raqueta, pala, stick, bate etc. De los mencionados anteriormente, sería la pala la que se utiliza en el tenis de mesa.
- Utilización del miembro dominante. En el caso particular del tenis de mesa estaría relacionado con la mano.
- El tamaño y distancia del mango a la superficie de golpeo estaría relacionado con el nivel de complejidad. En el tenis de mesa la distancia existente entre estas dos variables sería pequeña o corta.

Una vez analizado las características comunes de los deportes con implementos, el tenis de mesa tiene elementos que los diferencia de otros deportes de su misma familia, las cuales giran en torno a la pala:

- Tiene como objetivo principal enviar un móvil (pelota) a un espacio alejado del oponente, para que este no pueda alcanzarlo o bien para provocar el error del mismo.
- Hay una dualidad jugador/adversario, que provoca una contra-comunicación. Aunque esta característica podría ser diferente en la modalidad de dobles, en la cual habría una comunicación entre la pareja que forma el mismo equipo.
- Al no ser un deporte de invasión, se evita el contacto físico entre oponentes.
- El error en el golpeo supone punto para el adversario, requiriendo del juego una gran precisión y control en los golpeos.
- El dominio de una buena toma de decisión y la capacidad de percepción espacio-temporal en relación a la coordinación del cuerpo, el implemento y el móvil (pelota) son factores claves.
- Todos las características anteriormente citadas hacen de este tipo de deportes una actividad muy motivadora.

En relación al uso del espacio y como se muestra en el siguiente esquema (Esquema I) el tenis de mesa estaría dentro de la familia de deportes con espacio separado y por una red.

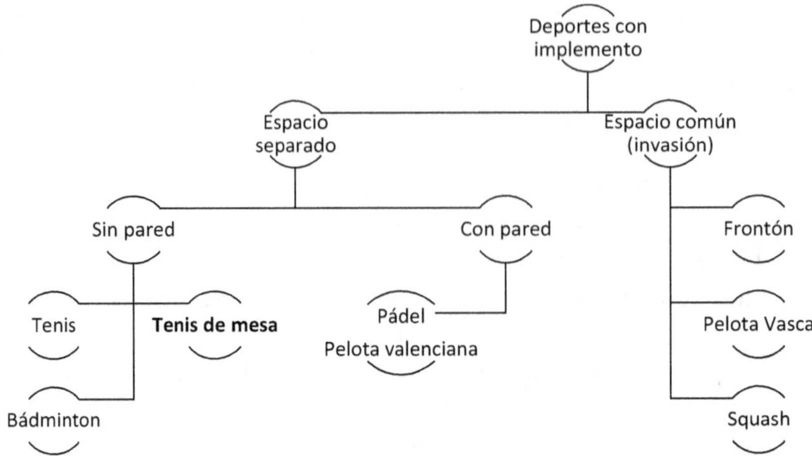

Esquema I. Clasificación de los deportes con implementos en relación al uso del espacio.

Con respecto a las demandas más concretas que tiene el tenis de mesa en relación a otros deportes de similares características, encontramos:

- Utilización de un implemento (pala) reglamentaria, es decir con unas medidas, materiales y características que están definidas por un reglamento.
- Gran importancia de las capacidades técnico-motrices, con una gran complejidad en el mecanismo de ejecución.
- Requiere de ciertas cualidades físicas: velocidad en espacios cortos y coordinación.
- Necesita de cualidades psicológicas: capacidad de concentración y atención, actitudes relacionadas con la responsabilidad y la estabilidad emocional.
- Tiene un carácter competitivo de superación de un adversario u oponente.

Desde el punto de vista técnico, el tenis de mesa tiene unas características determinadas por diferentes variables (Tabla I) y que además se fundamentan en:

- La cierta similitud y transferencia con otros deportes como por ejemplo el tenis, pádel o bádminton. Posibilitando que la práctica de otros deportes de raqueta tengan cierta orientación positiva al aprendizaje del tenis de mesa.
- La variabilidad en los golpeos y dentro de un mismo golpeo, como por ejemplo cortada de revés y topspin de revés.

- La técnica debe entenderse desde una perspectiva abierta, dependiente del adversario y adaptable a las situaciones espacio-temporales.
- La pala es el elemento característico, sobre el cual gira la motricidad del gesto técnico, por lo tanto debe tener un agarre correcto que permita ejecutar los diferentes golpes.

Tabla I. Características técnicas básicas del tenis de mesa.

Según la empuñadura	Presa europea	
	Presa asiática	China
		Japonesa
Acciones pala - pelota	Pegar	
	Acompañar	
	Rozar	
	Amortiguar	
Técnica de desplazamiento	Posición base	
	Adaptaciones del cuerpo y los apoyos (lateral y profundidad)	
	Desplazamientos laterales (paso cruzado, paso lateral, en desequilibrio)	
	Desplazamientos en profundidad	
	Desplazamientos de los dobles	
Golpes técnicos	Servicios	
	Cortadas	
	Flips	
	Tospspins	
	Bloqueos	
	Picadas o "smash"	
	Golpes defensivos	
Parámetros de la pelota	Velocidad	Velocidad de la pelota
		Frecuencia del intercambio
	Efecto	Cortado
		Liftado
		Lateral
		Desviado
	Colocación	Eje profundidad (corto, medio, largo)
		Eje lateral (pequeño costado, esquinas, derecha, revés, codo)
	Dirección	Diagonal grande
		Diagonal pequeña
		Dirección al cuerpo
		Paralelo
	Trayectoria	Desviada
		Lateral
		Tensa
		Curva
		Curva alta

Desde el punto de vista táctico, el tenis de mesa tiene unas características determinadas por diferentes variables y que además se fundamentan en:

- Lectura del juego y análisis de las situaciones.
- Conocimiento y análisis del adversario, en relación a sus debilidades y fortalezas, pudiendo trazar un plan estratégico diferente en relación del mismo.
- Toma de decisiones constantes ante las diferentes situaciones-problemas que se plantean en el juego.
- Capacidad perceptiva y atencional, para identificar los estímulos relevantes que permitan al jugador anticiparse a las acciones.

Para finalizar, desde el punto de vista reglamentario, el tenis de mesa tiene unas características determinadas por diferentes variables y que además se fundamentan en:

- Características propias de implemento (pala) y del móvil (pelota).
- Características del terreno y espacio de juego: tipo de superficie, tamaño, dimensiones etc. En el caso del tenis de mesa estaría relacionado con las características que tendría la mesa y la red que separa los dos campos.
- Zonas limitantes a nivel motriz: relacionado con aquellas zonas donde no se puede realizar una acción, por ejemplo el campo del oponente, tocar la red etc.
- Formas de puntuación: como se estructura el juego en relación a la puntuación. En el caso del tenis de mesa sería puntos y juegos.
- Tipos de botes: una vez que sale el móvil de la pala, tan solo estaría permitido un bote en el campo del rival.

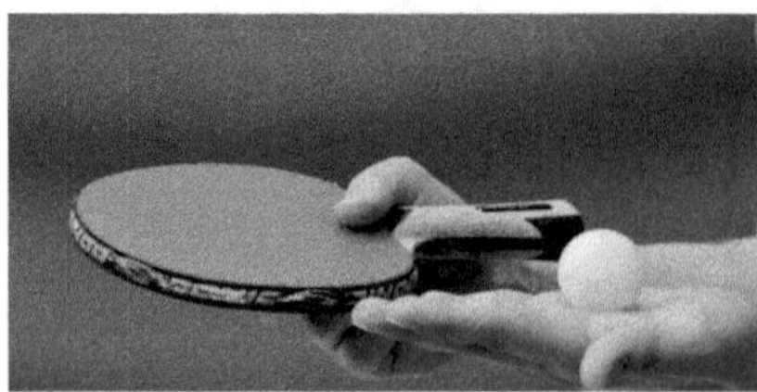
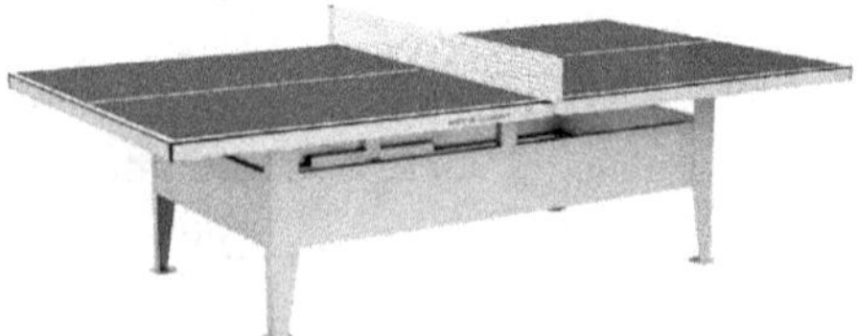

Imagen I. Ejemplo de los materiales que condicionan la motricidad y determinan al tenis de mesa como situación motriz. Pala (implemento), pelota (móvil) y superficie (mesa separada en dos campos por una red).

2.4. LOS TIPOS DE PRÁCTICAS Y SU RELACIÓN CON EL DESARROLLO DEL DEPORTISTA Y DEL TENIS DE MESA COMO DEPORTE

"Mas Ping Pong y menos tenis de mesa".

Entender los diferentes tipos de prácticas deportivos es especialmente relevante para entender que papel o rol tiene el juego, desde la perspectiva lúdica, en el desarrollo del deportista y del deporte en cuestión. En las siguientes líneas se desarrollarán conceptos y reflexiones que nos ayudarán a comprender que lugar ocupa el carácter lúdico de la práctica deportiva en el desarrollo del deportista (incluso en aquellos jugadores que buscan la excelencia deportiva) y en el desarrollo del deporte dentro de la sociedad.

2.4.1. La influencia del juego en el desarrollo del jugador del Tenis de Mesa

El desarrollo del talento del deportista ha estado marcado por dos grandes corrientes ideológicas. La primera y más tradicional, la corriente del determinismo genético, la cual considera que el rendimiento o potencial del deportista está marcado por la "herencia genética". Según Bouchard, Malina & Pérusse (1997) "el tamaño del cuerpo, la proporción, la longitud de los huesos, la masa ósea vienen condicionados genéticamente... Existe una fuerte relación entre el genotipo y la adaptación al entrenamiento. La segunda de las corrientes, es la que considera que los factores contextuales y ambientales son fundamentales para conseguir la excelencia deportiva. Esta perspectiva valora la importancia de diferentes variables relacionadas con el contexto del deportista en el transcurso de su vida, desde incluso antes del nacimiento. Esta corriente argumenta que el tipo de práctica deportiva a lo largo de la vida del deportista tiene una gran relevancia en el desarrollo de su talento. Ejemplo de ello es lo que nos indican los investigadores Howe, Davidson & Sloboda (1998) indicándonos que las diferencias en las primeras experiencias, las oportunidades, los hábitos y el entrenamiento son los determinantes reales de la excelencia. Preguntarnos si el deportista nace o se hace no es cuestión a tratar en este módulo, como tampoco sería adecuado rechazar lo que nos indica la investigación. Siguiendo la idea que nos señala que **el tipo de práctica deportiva es un factor importante en el desarrollo de un deportista**, Côté y Hay (2002) establecen cuatro tipos de prácticas deportivas: juego libre, juego deliberado, entrenamiento estructurado y el entrenamiento deliberado, cada uno cuenta con diferentes características

- <u>El Juego libre:</u> caracterizado por tener un importante contenido lúdico y no dirigido. Entre sus principales características se encuentran:
  - o Diversión.
  - o No estar controlado por ningún monitor, monitora, ni entrenador o entrenadora,
  - o No existir correcciones, y porque el niño y la niña se centran fundamentalmente en el proceso.
  - o placer inmediato y siendo inherente el carácter divertido del juego.
  - o Ejemplo: cualquier situación en la que el practicante, por su propia cuenta, se pone a jugar libremente en casa, en la calle o en otro lugar donde pueda encontrar un espacio para el juego, utilizando materiales oficiales o alternativos (por ejemplo: una mesa del comedor que simule una mesa de Ping Pong).

- <u>El Juego deliberado:</u> caracterizado por tener también un importante contenido lúdico pero que está supervisado. Entre sus principales características se encuentran:

  - o Diversión.
  - o Si esta controlado por algún monitor, monitora, entrenador o entrenadora.
  - o Relacionado con la iniciación deportiva.
  - o Ejemplo: situación en la cual el entrenador/monitor propone durante casi la totalidad de la clase un circuito con diferentes postas en forma de retos a sus alumnos/as dejándoles libremente que vayan actuando e intentando superar los retos. Cada posta tiene un tiempo de duración y el monitor tan solo supervisa el trabajo, sin intervención.

- <u>El Entrenamiento estructurado:</u> orientado a obtener un rendimiento deportivo. Entre sus características destacan:
  - o Orientación al rendimiento.
  - o Se centra más en el resultado deportivo.
  - o Regulado por un entrenador/a que ofrece correcciones.
  - o Ejemplo: entrenamiento planificado con contenidos y objetivos orientados a ir consiguiendo un rendimiento deportivo.

Cualquier situación de entrenamiento donde hay correcciones para mejorar el juego y la preparación del deportista.

- El Entrenamiento deliberado: también orientado al rendimiento deportivo, pero con una supervisión más controlada. Entre sus características destacan:
    o Planificación más cuidadosa del entrenamiento.
    o Gratificación de carácter extrínseco.
    o A partir de los 16-17 años.
    o Ejemplo: muy similar al anterior, pero se le añadiría una planificación más exhaustiva para la competición, dotándole de una carácter profesional. Cualquier periodo de preparación para un campeonato de carácter profesional, donde se planifican todos los aspectos de preparación física, técnico-táctica y psicológicos del deportista.

Estos cuatro tipos de prácticas deben ser bien organizadas en relación a las diferentes categorías del Tenis Mesa en España. Alejándonos de la clásica relación entre edades y etapas, el tipo de práctica no sigue una relación lineal con la edad o categoría competitiva. A modo orientativo y para facilitar la compresión entre los diferentes tipos de práctica deportiva, se muestra en la siguiente tabla (Tabla I) una relación entre tipos de práctica y categorías de la Federación española de Tenis de Mesa.

Tabla I. Relación entre tipos de práctica y categorías de la Federación Española de Tenis de Mesa.

Categoría/Tipo de práctica	Pre-ben-jamin	Benja-min	Alevin	Infan-til	Juve-nil	Sub 21	Sé-nior	Vete-rano
Juego libre	x	X	x	x	x	X	x	X
Juego deliberado	x	X	x	x	x	X	x	X
Entrena-miento estructu-rado			x	x	x	X	x	X
Entrena-miento deliberado					x	X	x	

Leyenda:
Muy recomendado
Posible (según nivel)

En esta tabla se puede observar como el juego libre es altamente recomendado y se debe de fomentar en todas las edades y categorías, ya que el disfrute y el aspecto lúdico del juego debe de ser un factor importante independientemente del nivel competitivo u objetivos del deportista (tanto si práctica por ocio como en alto rendimiento). Igualmente podríamos decir del juego deliberado, donde las recomendaciones son muy altas, y tan solo en las categorías infantiles, juveniles, sub 21 y sénior va a producirse en menor cantidad según los objetivos del deportista, es decir, si un jugador tiene como objetivo el alto rendimiento, pues este tipo de práctica se verá sustituida por la del entrenamiento estructurado o deliberado. Para facilitar la comprensión de este concepto, es interesante no relacionar el nivel del deportista con la edad, ya que esta no tiene relación directa (Martín-Barrero, 2019). En las dos siguientes tablas (Tablas III y IV) se tratará de adaptar este concepto al tenis de mesa, explicando en que consisten las etapas formativas del deportista, como su relación con el tipo de práctica deportiva:

Tabla III. Etapas de formación del deportista y su adaptación al tenis de mesa. Adaptado de Martín-Barrero (2019).

Etapa del deportista	Fase de aprendizaje del juego	Características
Iniciación	Fase de aprendizaje inicial del juego	Compuesto por la adquisición de aquellos principios y elementos más básicos del juego y su aplicación en contextos de juego menos exigentes. Nivel medio-bajo de competencia.
Tecnificación	Fase de aprendizaje avanzado del juego	Dominio avanzado de las reglas y medios técnico-tácticos de mayor complejidad y su aplicación en contextos de juego más exigentes.
Alto Rendimiento	Fase de Rendimiento	Se trata de movilizar todas las capacidades del jugador, una vez estén bien asentadas y adquiridas al máximo rendimiento en competición.

Tabla IV. Relación entre tipos de práctica y su presencia en las etapas de formación del deportista.

Categoría/Tipo de práctica	Iniciación	Tecnificación	Alto Rendimiento
Juego libre	X	x	X
Juego deliberado	X	x	X
Entrenamiento estructurado	X	x	X
Entrenamiento deliberado		x	X

Leyenda:
Presencia alta
Presencia moderada
Presencia reducida

Partiendo del concepto de que la formación deportiva no entiende de edades (una persona que se inicia al tenis de mesa puede hacerlo a cualquier edad), para la etapa de iniciación se establece una alta recomendación del juego libre, ya que independientemente de la edad, es la práctica deportiva más estimulante para la adquisición de los elementos básicos del juego. En la etapa de tecnificación, el juego libre sigue teniendo una presencia importante, aunque más reducida, ya que la adquisición de conceptos y habilidades más complejas del juego requiere de mayor presencia de práctica estructurada, características que se repiten en la etapa de alto rendimiento, donde el jugador se puede considerar experto o casi experto y en la que la presencia del juego libre es reducida, prácticamente siendo parte de momentos de desconexión o Placer del jugador. Como conclusión, en la tabla anterior se pretende mostrar como el juego por Placer, diversión y socialización puede y debe ser practicado en cualquier etapa.

2.4.2.La influencia del juego en el desarrollo del Tenis de Mesa como deporte:

¿Cuáles son los reto de los clubes, escuelas, federaciones, entrenadores del tenis de mesa en etapas iniciales?, ¿qué influencia tiene el juego, como parte lúdica de una actividad deportiva, en el desarrollo del deporte en cuestión?, y en relación a la sociedad, ¿tiene el tenis de mesa algún tipo de responsabilidad?

Empezando por esta última cuestión, es indudable que los hábitos del ser humano han ido cambiando a lo largo de su historia y que esto ha influenciado en la forma de realizar sus actividades. En la actualidad nos enfrentamos a una sociedad insana debido al sedentarismo, un hábito que ha generado problemas en la salud de las personas. De hecho según datos de la OMS, el 60% de la población mundial no realiza suficiente actividad física. Cualquier deporte o modalidad deportiva debería considerar estos datos con cierta relevancia. El deporte tiene desde hace años una responsabilidad social de gran dimensión, y es que quizás, sea uno de las principales herramientas que tiene la humanidad para combatir ante los problemas de salud y los hábitos insanos a los que se dirige el mundo. Además, tal y como nos indica Cagigal (1975), la práctica deportiva adquiere una nueva dimensión, el "deporte para todos" debe permitir que este sea una herramienta importante para la todos los estamentos de la sociedad.

Por otra parte, y en relación a las otras cuestiones mencionadas al inicio de este punto, en muchas ocasiones se podría pensar que hacen falta grandes inversiones en forma de infraestructuras, instalaciones, recursos y materiales para que una práctica deportiva llegue a desarrollarse y ahondar en la sociedad. Posiblemente haya parte de razón en esta consideración, pero sería interesante también razonar sobre las fortalezas que tienen ciertas practicas deportivas y si sus cualidades están siendo bien empleadas. Fomentar la parte lúdica de los deportes es uno de los principios importantes para conseguir que una modalidad deportiva se desarrolle y crezca dentro de una sociedad. Es por ello que tenemos que reflexionar sobre la pregunta anteriormente mencionada. Podríamos considerar como de especial relevancia las dos siguientes propuestas:

> <u>Fomentar la práctica deportiva del tenis de mesa:</u> haciendo esta modalidad un deporte atractivo, de fácil acceso para la sociedad. Este reto está estrechamente relacionado con el juego y más concretamente el juego libre, ya que es importante que podamos proporcionar recursos lúdicos para que la sociedad pueda práctica este deporte en cualquier sitio, independientemente si es aire libre, si es en un recinto cerrado, si dispongo de pocos recursos materiales o de más personas con quien practicarlo. En el siguiente punto de este módulo se darán ciertas ideas y nociones para poder conseguir este reto. La facilidad que tiene la sociedad para practicar un deporte es uno de los aspectos fundamentales para conseguir que se fomenten ciertas practicas deportivas. Como ejemplo, podemos poner el fútbol o el baloncesto, que con tan solo un balón o algo que se le parezca y un poco de imaginación para establecer las porterías o el aro se puede practicar en casi cualquier sitio. Trasladar esta idea al tenis de mesa es uno de los objetivos que deben intentar alcanzar todos los

entes que giran alrededor de este deporte. Esto ayudará a fomentar al tenis de mesa como deporte y proporcionará mayores herramientas a la sociedad para evitar hábitos de vida que lleven al sedentarismo.

> ➤ <u>Construir un vinculo sólido con el deporte y el club:</u> mas allá de si el practicante tiene cierto talento o no. La adherencia a la práctica deportiva debe ser primordial en los primeros estadíos de la persona que práctica un deporte. Los clubes y federaciones, a través de sus entrenadores y educadores deportivos deben asumir la responsabilidad de transmitir los valores del deporte, convirtiéndolo en una actividad educativa y formativa, donde los argumentos van más allá de la competición. Como contenidos deben priorizarse los hábitos saludables, la diversión, el disfrute del deporte y la transmisión de valores para convivir en sociedad, convirtiendo al tenis de mesa en un vehículo conductor de la educación, convivencia social y estableciéndose como parte de la cotidianidad. Esta idea huye del concepto de que el deporte solo debe ser para los más capaces o fomentado en aquellos que buscan el alto rendimiento. Este concepto traducido al tenis de mesa se podría entender con el siguiente eslogan: "Más Ping-Pong y menos Tenis de Mesa", haciendo alusión al origen lúdico del juego en lugar del nombre al que se le denomina en los programas y competiciones de ámbito nacional e internacional.

2.5. EL JUEGO LIBRE EN EL TENIS MESA

Podemos considerar que el porcentaje de actividad de carácter tradicional, lúdica y deportiva se está perdiendo en nuestros tiempos. Además, Martín-Barrero (2019) nos indica que esto puede ser debido a tres factores fundamentales:

- <u>El proceso de urbanización que experimentan las ciudades:</u> es una parte importante de la reducción de actividades lúdicas y deportivas. Las grandes urbes y ciudades cada vez se están predominando e incluso absorbiendo a otras localidades. Vivimos en una sociedad totalmente industrializada y de consumo, donde el tiempo "corre" muy rápido y la gente se sociabiliza de forma diferente. Este hecho ha transformado los espacios de ocio y recreo. Los lugares en donde antiguamente había muchas posibilidades de jugar libremente (calle, campo, descampados, plazoletas etc.) se han convertido en espacios de transito o lugares de descanso, donde los adultos no aceptan el juego y las autoridades oficiales lo penalizan o prohíben.

- <u>El desarrollo tecnológico del siglo XXI</u>: ya lo advertía Cagigal (1975), las máquinas y el hombre no siempre iban a tener una relación positiva. Y es que la modernización a través de las nuevas tecnologías ha permitido al ser humano ser más productivo en sus labores e incluso llegar a alcanzar ciertas metas que décadas atrás eran inimaginables. Pero este hecho también ha provocado un efecto negativo, y es que, el ocio se ha transformado, dedicándose muchas horas a videojuegos, móviles y ordenadores en sustitución de las actividades físico-deportivas y al aire libre. Estos cambios están promoviendo una sociedad sedentaria y con cada vez menor cultura y capacidades físicas y motrices.
- <u>La desconfianza en la sociedad</u>: este ritmo tan frenético que lleva la sociedad ha afectado también a las formas de relacionarse y a la libertad de los individuos. Hoy en día se hace impensable que un niño o niña vaya a jugar solo a la calle o incluso pueda ir caminando con cierta tranquilidad al colegio. A este ambiente de desconfianza generado por los diferentes actos delictivos , hay que sumarle la sobreprotección de unos padres que no permiten que su hijo o hija explore el mundo y la comodidad de la familia de "entretenerlos" con un móvil o una Tablet en casa o en otros lugares donde un niño se aburre.

Estos hechos han provocado que cada vez menos, los niños y niñas practiquen y realicen actividades motrices y deportivas, de carácter libre en menor cantidad de horas que en el pasado. De hecho hay investigaciones, como una realizada en la Universidad de Valencia, que refuerzan estos cambios que se están produciendo en la sociedad. Teniendo en cuenta esta tendencia actual, ¿afecta esto al desarrollo del Tenis de Mesa? ¿se fomenta en nuestro país el juego libre de raqueta?, ¿y el juego libre de tenis de mesa?

Como se ha podido analizar en el punto anterior, el juego libre, espontáneo, sin ningún elemento que lo dirija o guíe tiene múltiples beneficios para el desarrollo de las diferentes habilidades que requiere un deportista, además de los múltiples beneficios que genera en la sociedad.

Aquel que juega tanto al aire libre, en la calle, en el parque o en el campo, como el que juega en el patio de casa o dentro de la misma lo suele hacer de manera libre y voluntaria. Como nos indica Côté & Hay (2002) el juego libre está caracterizado por la diversión, sin la supervisión de ningún entrenador y donde la persona se centra en el proceso, obteniendo un placer inmediato. Por lo tanto, el juego libre tiene una base importante de expresión, pero también tiene un entorno de desarrollo. Como se ha mencionado anteriormente, hoy en día, se cuenta con muchos medios distractores, que hacen que sea más fácil jugar a una videoconsola que montar tu propio campo de tenis de mesa en casa. Entonces este entorno, que no es del todo favorable, los profesionales del deporte y la actividad física tenemos que aprender a manipularlo para fomentar el juego libre y la práctica deportiva. Además esta responsabilidad nace desde el propio profesional o técnico deportivo y continúa con las diferentes instituciones educativas y deportivas.

A continuación se mencionan algunas propuestas que nos pueden ayudar a entender como el entorno (desde los espacios de juego y materiales, hasta las instituciones y organismos) se puede orientar para favorecer el juego libre.

- El Ping-Pong como juego en el ámbito doméstico: podemos considerar este tipo de espacios, como todas aquellas zonas dentro del domicilio propio, que puedan ayudar, sin riesgo para la salud y para las personas, a desarrollar la práctica del tenis de mesa. Para ello, es importante conocer el concepto de material o materiales alternativos. Según nos indica Jardi & Rius (1992) es aquel que no está sujeto a los circuitos tradicionales de fabricación y venta para el campo de las actividades físicas, deportivas o recreativas o que, en caso de que sí lo estuviera, recibe una utilización diferente de aquellas para la que ha sido diseñado. Además este tipo de material debe facilitar el desarrollo de la actividad o de los objetivos propuestos y ser manipulables de forma individual y por los practicantes (Bernal & Bernal, 2002). Este tipo de materiales ha sido propuesto en diferentes ámbitos de la educación física y el deporte (Bermúdez & González, 1990; Bernal, 2002; Méndez, 2003 y Martín-Barrero, 2012), incluso el uso de estos materiales han derivado en la aparición de deportes, denominados en deportes alternativos, como por ejemplo el Ball-Neto, consistente en lanzar una pelota con una red o malla. ¿Qué zonas y materiales podemos manipular para crear espacios donde jugar al tenis de mesa en el interior de una casa?

Características de los espacios:

- Cierta amplitud para el movimiento y con seguridad, como por ejemplo el dormitorio, el salón, la azotea o un patio interior.
- Materiales:
- Pala: una pala puede ser simulada con la propia mano, con cualquier objeto que tenga cierta superficie y permita su agarre (puede ir desde un libro hasta una pequeña sartén por su parte posterior).
- Mesa: puede ser simulado por la mesa del comedor o el salón, por la mesa del dormitorio o incluso por el suelo (jugando sentado o agachado).
- La red: como materiales que se pueden utilizar para simular una red, estarían los libros (con cierta rigidez), cajas, marcos de fotos u otros materiales que puedan tener cierta rigidez y puedan formarse en hileras.
- La pelota: cualquier pelota de pequeño tamaño y que bote puede proporcionar jugabilidad.
- Oponente: si no tienes un amigo o compañero con quien jugar, siempre puedes utilizar un elemento que tenga carácter reboteador, como por ejemplo la pared.

En la siguiente imagen se puede apreciar el uso de una mesa de dormitorio y libros, para simular la mesa y red de Ping-Pong. Otra alternativa es, por ejemplo, el uso de la mano como pala.

Imagen II. Uso de libros y mesa de dormitorio simulando las redes y la mesa de Ping-Pong.

> ➤ <u>El Ping-Pong como juego en los espacios públicos:</u> en relación a las zonas públicas, podemos hacer referencias a todas aquellas que están al aire libre y son parte de la urbe. Siguiendo a Magrinyà & Mayorga (2008) y en relación a la tipología podemos distinguir: i) espacio planificado para la actividad deportiva, como por ejemplo parques y plazas, ii) espacio no planificado asociado a una infraestructura, los cuales pueden ser improvisados o adaptados, iii) Espacio no planificado asociado a un equipamiento deportivo, los cuales son adaptados y iv) espacio abandonado, como por ejemplo una parcela o un descampado. Además estos autores en su investigación sobre el diseño de los espacios públicos para el deporte, realizan un análisis de estos en la ciudad de Barcelona, relacionando la modalidad deportiva con su presencia en los espacios públicos. En relación al tenis de mesa se determinó que había una presencia de un 8.1%, siendo la quinta actividad deportiva de un total de siete (por delante del tenis o la petanca y por detrás de deportes como el fútbol, el baloncesto o el frontón). Además, se llevó a cabo la relación de la presencia de la actividad con el tipo de material al tipo de material específico que había de esa modalidad en las zonas públicas y se descubrió que el tenis de mesa tenía la segunda relación más alta, teniendo un 48% de presencia de elementos de mobiliario (mesas de Ping-Pong). Esto nos podría llevar a la conclusión de que la presencia de material urbano ayuda y favorece la práctica de una determinada modalidad deportiva, aunque es posible que no sea suficiente, ya que muchas veces existe la falsa creencia de que si no hay material oficial o convencional para la práctica deportiva, esa práctica deportiva no se puede desarrollar. Esto

Imagen III. Ejemplos de creación de espacios urbanos para el tenis de mesa.

> <u>Las entidades e instituciones deportivas</u>: las organizaciones deportivas también tienen parte de responsabilidad en la promoción del juego libre y la promoción del tenis de mesa. Tanto clubes y escuelas, como federaciones y otras entidades educativas, pueden organizar actividades que repercutan en los hábitos de vida y generen patrones culturales en ciertos contextos geográficos. En las siguientes líneas desarrollaremos como dichas organizaciones pueden facilitar y desarrollar contextos de juego libre y promoción deportiva:

  - Clubes y escuelas: organizar actividades de promoción del tenis de mesa en los diferentes entornos urbanos que las ciudades tienen, tratando de abrirlas a todos los públicos y siempre desde el espíritu del juego libre.

  - Federaciones: al igual que los clubes y escuelas, suelen tener capacidad organizativa para poder desarrollar actividades en diferentes entornos. Como ejemplo, tenemos el proyecto "PPxTT", desarrollado por la *Federació Catalana de Tennis Taula*, el cual lleva realizando un programa de tenis de mesa para todos, que se inició con actividades de ping-pong en la calle, tratando de acercar el tenis de mesa a todo el mundo. s un programa dirigido a los aficionados del ping-pong. El programa trabaja en diferentes ámbitos: el competitivo, el escolar, el social, de aprendizaje, el festivo etc. En definitiva, "PPxTT" está diseñado para que todos puedan jugar: pequeños, grandes, noveles, expertos, personas mayores, discapacitados … y se adapta a lo que en cada caso convenga, ya sea una Fiesta en la calle, una competición en la Escuela, un Open en un pabellón, como una competición regular individual o por equipos.

2.5.1. El juego libre desde el punto de vista de la neuroeducación.

Podemos considerar la neuroeducación como la transdiciplina (uso de diferentes disciplinas de investigación con el fin de crear un enfoque holístico o un punto de vista más global del objeto de estudio), que trata de aportar soluciones a los problemas planteados por la educación. ¿Qué relación tiene esta materia con el juego y el tenis de mesa?

Pues bien, esta relación se produce desde la perspectiva de cómo el ser humano evoluciona y que estímulos y como estos influyen en el desarrollo de su formación. Por ejemplo, es interesante saber que desde edades tempranas (incluso antes del nacimiento), se conforman los circuitos neuronales específicos modulados por la cultura en la que se vive (Mora, 2013). Entender que los estímulos provenientes del entorno y del contexto tienen una gran influencia en el desarrollo de las personas es un aliciente para comprender como influye el juego libre en los deportistas, sobre todo en las edades iniciales.

A continuación se desarrollan diferentes características importantes que proporcionan el juego libre desde un punto de vista del aprendizaje y que estrategias podemos utilizar para transferirlas al tenis de mesa:

➢ <u>El poder de la imitación:</u> se ha demostrado que el acto de intentar reproducir los comportamientos de una persona tiene un valor enorme en el proceso de aprendizaje, además, como indica Mora (2013), este lo acelera y hace que se multiplique las oportunidades de aprender. Y es que es el medio social de aprendizaje más poderoso con el que cuentan las personas. ¿Cómo podemos trasladar esto al tenis de mesa?

  ▪ El juego libre hace que pueda disfrutar de la práctica con multitud de compañeros, adversarios y diferentes entornos. La autonomía que proporciona este medio, hace que el deportista pueda vivenciar diferentes formas de jugar, técnicas y estrategias de otros oponentes, imitarlas, adquirirlas, aprenderlas y posteriormente reproducirlas en su juego. Este elemento será más importante si las vivencias del jugador/a se desarrollan en entornos donde pueda practicar con diferentes tipos de jugadores/as de un entorno que le proporcione seguridad (familiares o personas cercanas). Además, al imitar están descubriendo nuevas formas de resolver situaciones y problemas.

> <u>El poder de las emociones en el aprendizaje</u>: cuando expresamos la pasión que sienten algunos profesionales por su profesión, normalmente hacemos referencia a aquellos que tienen una gran vocación, llena de conocimientos y experiencias enriquecedoras y profundas. Y es que las emociones juegan un rol fundamental en el aprendizaje del deportista y por lo tanto, en su formación. Además este hecho se potencia en las edades tempranas, ya que como indica el profesor y neurobiólogo Gerald Hüther, el niño vive entre 20 y 50 momentos en los que experimenta emociones relacionadas con el entusiasmo, provocando un aluvión de conexiones y activaciones en el cerebro que provocan un "autodoping cerebral", convirtiéndose en un potenciador del aprendizaje. ¿Cómo podemos trasladar esto al tenis de mesa?

  - Si el niño/a manifiesta curiosidad por los juegos de raqueta, es un aliciente importante para se cultive la semilla del entusiasmo, si cuando lo práctica se divierte, le permite expresarse de manera autónoma y es capaz de pasarse horas y horas jugando sin tener la obligación de hacerlo, es que esa semilla está creciendo. Si entendemos que el juego libre es un claro potenciador de estas emociones, tenemos la herramienta adecuada para empezar a desarrollar buenos deportistas y personas que se desarrollan a través del juego y de la actividad deportiva. Y es que solo se puede aprender aquello que se ama, y el juego es el mecanismo inventado por la naturaleza para que los niños y niñas aprendan (Mora, 2013).

> <u>El error y la repetición</u>: la investigación a demostrado que cualquier aprendizaje o conducta nueva solamente es aprendida después de horas de práctica, cuando las redes neuronales se refuerzan y se consolidan en la memoria. Ya lo decía el famoso y prestigioso científico Albert Einstein, el éxito es 99% trabajo. Pero este aprendizaje no es "limpio", es decir, siempre hay que pagar un "peaje", el del error, siendo un elemento

fundamental para consolidar una nueva habilidad, es importante entender que el error es parte fundamental para el desarrollo cognitivo. ¿Cómo podemos trasladar esto al tenis de mesa?

- Como hemos analizado anteriormente, los niños y niñas viven hoy en día en una sociedad diferente, además, esta sociedad está envuelta en unos valores donde el fracaso y el error están muy mal vistos y nada normalizados. Y esto se traslada incluso a la competición en las etapas iniciales, donde los pequeños adquieren habilidades que le den rendimiento a corto plazo, dejando de lado su desarrollo y su formación. El juego libre, aquí aparece como un "remedio" a este problema, ya que este, provoca un ambiente más tolerante al error, permitiendo la máxima expresión de la persona la libertad absoluta de aquel que desea realizar cuantas acciones quiera y en las estructuras y organizaciones que son provocadas por las diferentes normas y reglas de variables juegos (Martín-Barrero, 2019).

➢ La sociabilización: el rol social del juego libre es fundamental para el desarrollo deportivo y humano, ya que el mismo te obliga a relacionarte, a interactuar con aquellos que comparten un mismo fin. Un mecanismo importante el ser humano para conseguir esto es la empatía (capacidad para entender los sentimientos de otra persona). Esta permite un acercamiento emocional y este acercamiento facilita el hecho de "aprender de los demás", por lo tanto es una puerta que abre el acceso al conocimiento y al desarrollo de las habilidades sociales, importante en el desarrollo de actitudes para el deporte y para la vida. ¿Cómo podemos trasladar esto al tenis de mesa?

- El juego libre te permite relacionarte con familiares, amigos y personas desconocidas. El espacio que genera además este tipo de práctica, permite interactuar con los demás desde una perspectiva diferente, desarrollando habilidades sociales que son importantes para posteriormente interactuar con los entrenadores, preparadores, compañeros, rivales y jueces que el deportista se encuentra en su día a día. El ambiente que genera el juego libre, permite expresarse tanto verbal como corporalmente de manera independiente, y este posee una perspectiva integradora, que le permita actuar en grupo, organizarse en relación al mismo. Tal y como nos indica Wein (2004) los niños deberían desarrollar su estado social mediante la utilización de juegos populares que permita integrarse y cooperar en pequeños grupos.

2.6. LA INFLUENCIA DEL EDUCADOR/ENTRENADOR DEPORTIVO EN EL JUEGO LIBRE

"Cada niño en su juego, se comporta como un poeta, " ya que crea un mundo propio, o mejor dicho, reordena las cosas de su mundo en una forma que le agrada".
(Sigmund Freud).

Enseñar a jugar, el primer paso para entender la importancia del juego libre y transferirlo al tenis de mesa. Es este el primer tema que nos ocupa en esta parte del capítulo. Y es que muchas veces asociamos al juego como diversión desenfrenada y descontrolada. Partimos del supuesto de que el ánimo de los jugadores se enciende con la llegada de elementos llamativos, raros, impredecibles, coloridos y/o sonoros, que invitan a ser explorados, que despiertan curiosidad o que anticipan actividades gustosas (Rivero, 2017) y es que muchas veces parece inevitable ver una clase donde se propone el juego y la reacción de los alumnos/as sean a través de emociones desbordadas (risas escandalosas, gritos etc.), y es que como indica Pavía (2009) es fundamental enseñar a divertirse con los demás (no a costa de los demás), enseñara jugar de un modo lúdico, respetando las normas y reglas. Saber crear un clima lúdico es una de las competencias de los entrenadores y técnicos en la etapa inicial de la formación del jugador. Además la capacidad para generar este ambiente, puede ayudar a generar mayor adherencia a la práctica deportiva y a que el alumno/a lo extrapole a sus hábitos de ocio fuera del centro deportivo. Por lo tanto, enseñar lo lúdico del juego (Devita, 2014) es un reto importante del educador deportivo en sus diferentes intervenciones con los practicantes. A partir de aquí, podríamos establecer dos preguntas que relacionan la intervención docente con el juego libre y la práctica del tenis de mesa. A continuación se tratarán estas dos preguntas con el fin de arrojar más luz a los tres elementos anteriormente mencionados que establecen entre ellos un canal de doble dirección.

- ¿Cómo podemos fomentar el juego libre del tenis de mesa a nuestros alumnos y alumnas?

No cabe duda, que los técnicos y entrenadores pueden encontrar los recursos pedagógicos y didácticos necesarios a través del juego, para llevar a cabo la educación deportiva y en valores del practicante. Además, estos también tienen la responsabilidad profesional y moral de transmitirle a los niños y niñas la importancia de este tipo de práctica, su beneficio y utilidad. Debido a los cambios sociales y urbanístico, es evidente que las prácticas lúdico-deportivas han evolucionado en los últimos 25 años, muchas de ellas perdiendo su esencia y en otros muchos casos, profesionalizándose a través de la excelente preparación de los monitos, docentes y técnicos deportivos que desarrollan su actividad laboral. Esto ha conllevado que las prácticas sean cada vez más organizadas y estructuradas, disminuyendo considerablemente aquellas prácticas que no dependían de la supervisión de un técnico. Encontrar el equilibrio adecuado es parte importante en la formación de las personas a través del deporte.

Además, la admiración que desprende un buen técnico en sus alumnos/as es una fuerza magnética importante para poder transmitirle la necesidad de disfrutar de las actividades deportivas más allá del entrenamiento y la competición. Nuestro rol, debe ir más allá de un educador deportivo y tenemos que ser capaces de utilizar el deporte como un medio, más que como un fin en sí mismo. Debemos tratar de transmitir la importancia y las oportunidades que ofrece el juego libre como benefactor del desarrollo humano y deportivo. Enseñémosle a nuestros alumnos/as a tener recursos para poder jugar fuera del espacio de entrenamiento, tanto en entornos urbanos como domésticos, intentemos organizar entrenamientos con materiales y espacios diferentes a los convencionales o reglamentarios, intentad que todos los niños/as puedan desarrollar con creatividad espacios de ocio a través del tenis de mesa, empujémosle a practicar el juego libre con la familia y sus amigos.

Además, como hemos mencionado antes, esta labor educativa transciende del aspecto puramente deportivo, teniendo un carácter transversal, porque tal y como nos indica Herrador (2013), con este tipo de práctica, los niños y niñas, pueden aprender a apreciar el medio ambiente, al cuidar los espacios abiertos en los que disfrutan de sus juegos, a la vez que se les enseña a fabricar sus propios materiales para divertirse. El juego además traspasa fronteras y es un vehículo ideal para la integración, ya que este no entiende de clases sociales, ni de razas, religiones, culturas o edades.

- ¿Cómo podemos transmitir los importantes beneficios del juego libre al entrenamiento reglado y estructurado en nuestros clubes y escuelas?

Como hemos visto en el desarrollo de este tema, muchas veces confundimos las edades con el tipo de práctica deportiva, entendiendo que para los niños existe un tipo de práctica, de orientación más lúdica y posteriormente cuando el practicante va creciendo le corresponden otro tipo de prácticas "más serias y rigurosas" para obtener rendimientos deportivos. Esta concepción del entrenamiento se ha ido cambiando en los últimos años con la presencia de la investigación de la ciencia del deporte, quienes han demostrados que pedagogías y metodologías donde el juego y el carácter lúdico está presente tienen un efecto en el deportista mucho más beneficioso que otras más tradicionales y rudimentarias. Es por ello, que uno de los consejos importantes que deberíamos considerar en nuestras prácticas, es la aparición de elementos que den un carácter lúdico y motivantes en nuestras tareas y entrenamientos. Algunas de las propuestas prácticas para llevar los beneficios del juego libre a nuestros entrenamientos estructurados son los siguientes:

- Trata de dedicar un rato del entrenamiento (al menos 8-10 minutos al final de la sesión) a la práctica libre, sin intervención del entrenador y con las reglas únicas del tenis de mesa.
- Intenta que la orientación de las tareas de entrenamiento estén desarrolladas bajo los componentes de la lógica interna y sean cercanas a las situaciones reales de juego.
- Propón espacios para que los jugadores/as puedan experimentar y descubrir por si mismo.
- Inicia las sesiones con actividades de carácter lúdico, que tengan un carácter socio-afectivo y permita al alumno/a interaccionar con los compañeros, materiales y espacios.
- Observa las diferentes conductas y beneficios que proporciona el juego libre en tus alumnos/as.
- Y sobre todo, se un maestro sin miedo a jugar: jugar es parte vital de la vida y una herramienta irremplazable en la formación del deportista.

2.7. CONCLUSIONES

- El tenis de mesa proviene de un ámbito lúdico, de la recreación, cuyo origen se daba como alternativa al tenis en días de lluvia.

- Los hábitos sedentarios y el cambio cultural han hecho que la sociedad tenga otras actividades y distracciones. Esto se ha traducido en muchos menos niños y niñas con experiencias motrices previas. El deporte tiene una responsabilidad con la sociedad para modular estas nuevas formas de vida pocos saludables.

- Los tipos de prácticas deportivas, son un factor crucial en el desarrollo del deportista. Entender que el juego libre es una parte importante de las vivencias que tiene que experimentar un jugador de tenis mesa permitirá, tanto una mayor adherencia a la práctica deportiva, como un mejor desarrollo del talento, especialmente en las etapas iniciales.

- "Más Ping-Pong y menos Tenis de Mesa": este eslogan hace referencia a la idea de que el juego por placer, diversión y ocio debe tener una presencia importante en los practicantes del tenis de mesa.

- El juego libre tiene unos beneficios para el aprendizaje fundamentados en la neurofisiología y la pedagogía.

- "No tener miedo a jugar": el rol del técnico deportivo en la etapa inicial, sobre todo, tiene que ir orientado a entender los beneficios y fomentar las prácticas lúdicas en sus alumnos/as.

- "Enseñar a jugar": enseñar a los niños/as a divertirse a través del juego, de la interacción con los compañeros y el respeto a las normas y reglas.

2.8. REFERENCIAS

Bernal Ruiz, J.A. (2002). *Juegos y actividades con materiales de desecho*. Sevilla: Wanceulen.

Bernal, J.A. & Bernal, M.A. (2002). *Juegos y deportes con material alternativo*. Sevilla: Wanceulem.

Bermúdez, A. & González, M.A (1990). *Materiales Alternativos*. Ponencia contenida en libro de actas de I Jornadas Unisport Sobre Juegos y Deportes Alternativos. Málaga: Unisport Andalucía.

Bouchard, C., Malina, R., & Pérusse, L. (1997). *Genetic of fitness and physical performance*. Human Kinetics. USA

Cagigal, J. (1975). *El deporte en la sociedad actual*. Madrid: Editorial Prensa.

Côté, J. & Hay, J. (2002). *Children's involvement in sport: A developmental perspective*. En J. M. Silva y D. Stevens, Psychological foundations of sport (pp. 484-502). Boston: Merrill.

Devís Devís, J. y Peiro Velert, C. (1992) *Nuevas perspectivas curriculares en educación física: La salud y los juegos modificados.* Barcelona: Inde.

Devita, D. (2014). *Lo lúdico del juego. Tesis de maestría. Universidad Nacional del*

Comahue. Neuquén, Argentina.

Hernández Moreno, J. (1994). *Análisis de las estructuras del juego deportivo.* Barcelona: INDE.

Herrador, J. (2013). Jugar…algo más que entretenerse. *Emasf. Revista digital de educación física,* 4-8.

Jardi, C y Rius, J (1992). *1000 ejercicios y juegos con material alternativo.* Barcelona: Paidotribo.

Howe, M., Davidson & Sloboda (1998). Innate talents: Reality or myth. *Behavioural and Brain Sciences* (21), 399-442.

Martín-Barrero, A. (2019). *El proceso de enseñanza-aprendizaje en el fútbol: Aproximación a un enfoque basado en competencia el Fútbol Formativo.* Sevilla: Wanceulen.

Magrinyà, F. & Mayorga, M. (2008). Diseñar la ciudad para el deporte en los espacios públicos. *Apunts Educación física y deportes,* 91, 102-113.

Méndez, A. (2003). *Nuevas propuestas lúdicas para el desarrollo curricular de Educación Física. Juegos con materiales alternativos, juegos predeportivos y juegos multiculturales.* Barcelona. Paidotribo.

Mora, F. (2013). *Neuroeducación: solo se puede aprender aquello que se ama.* Madrid: Alianza Editorial.

Parlebas, P. (1981). *Contribution á un lexique commenté en sicience de l'action motrice.* Paris: Insep.

Parlebas, P. (2001). *Juegos, Deporte y sociedad. Léxico de praxiología motriz.* Barcelona: Paidotribo.

Pavía, V. (2009). Formas del juego y modos de jugar. Secuencias de Actividades Lúdica. Neuquén, Argentina: Educo.

Rivero, I. (2017). El juego como recurso didáctico. Incorporación del juego al aula. En Rivero, I. & Ducart, M. (2017), *El juego en la formación docente.* Unirío Editora. Argentina.

Wein, H. (2004). Fútbol a la medida del niño vol.1.Madrid: Editorial Gymnos.

Capítulo **3**
COMPRENDER EL TENIS DE MESA

David Soler

"Lo que vemos cambia lo que sabemos. Lo que conocemos,
cambia lo que vemos"
Jean Piaget

3.1. OBJETIVOS DEL MÓDULO

- Presentar un análisis del tenis de mesa a partir de la estructura del juego, la naturaleza del juego de oposición y de la acción técnico-táctica.
- Conocer los elementos que forman la estructura del juego, y su influencia en el la motricidad del jugador.
- Analizar la influencia del juego de oposición en el jugador, la acción técnico-táctica y el entrenamiento.
- Reflexionar sobre la toma de decisiones en el tenis de mesa, y ver la importancia de las emociones toman en este proceso.
- Conocer los diferentes parámetros de la pelota y los engaños.
- Introducir los diferentes estilos de juego.

3.2. INTRODUCCIÓN

A menudo observamos entrenamientos de iniciación muy orientados a la búsqueda de resultados inmediatos, copiando el modelo de entrenamiento de los deportistas de élite. En estos casos predomina el aprendizaje progresivo de la técnica, con mucha repetición y consignas constantes por parte del entrenador. Un camino que busca hacer progresar al jugador en detrimento de la diversión por el juego, ignorando las expectativas y motivaciones deportivas que tienen tanto el niño como de las familias. ¿Demasiados practicantes dejan el tenis de mesa durante su etapa de iniciación por culpa del elitismo de los entrenadores?

Estos métodos tradicionales no corren únicamente el riesgo de aburrir a los practicantes que se inician, sino que, paradójicamente, pueden no ser la mejor forma de enseñar a jugar y hacer progresar. El tenis de mesa es un deporte de oposición, por lo que estrategia y táctica constituyen algunos de los fundamentos esenciales del juego como la adaptación y el análisis del rival para ponerle dificultades y tratar de ganar el punto. Es por ello que un entrenador que no tenga en cuenta estos aspectos tácticos y estratégicos durante todo el proceso de aprendizaje, empobrece la calidad de su enseñanza.

Dar importancia a la parte táctica y estratégica no niega el papel fundamental que también tiene la técnica, difícil de adquirir de forma eficaz tanto para debutantes como expertos, y que debe adaptarse a las condiciones de incertidumbre del juego, a unas necesidades espacio-temporales muy exigentes (el tiempo se mide en milisegundos y el espacio en centímetros), y a una naturaleza de pelota variable en términos de efecto, velocidad, trayectoria, colocación y dirección. Una adaptación muy ligada también al factor físico; el juego es muy rápido y requiere de mucha la velocidad en todas sus manifestaciones (¿aunque la velocidad, sin intención táctica, sirve para algo?).

Podemos añadir a todas estas características el estado emocional del momento, relacionado con las expectativas, la motivación, el miedo al fracaso y tantos factores psicológicos que pueden afectar al jugador. En definitiva, por lo poco que hemos esbozado de momento, vemos que el tenis de mesa se nos presenta como un deporte más complejo de lo que podemos imaginar inicialmente. A continuación proponemos un viaje a lo largo de este capítulo que nos acerque a una mirada más completa de nuestro deporte.

3.3. LOS TRES NIVELES DE ANÁLISIS DEL TENIS DE MESA COMO DEPORTE

La visión que el entrenador tenga del deporte, condiciona la forma de acercarse y al trabajo que desarrollará con los jugadores. Conocer en profundidad el tenis de mesa nos ayudará a optimizar el proceso de enseñanza, diseñar mejor los contenidos del entrenamiento, y usar unas metodologías de entrenamiento más adecuadas.

El estudio al tenis de mesa que proponemos en este capítulo, se hará a partir de un esquema formado por tres niveles. Para poder comprender correctamente el esquema siguiente, es muy importante que se entienda que un nivel inferior queda acotado dentro de los límites que le permiten los niveles superiores.

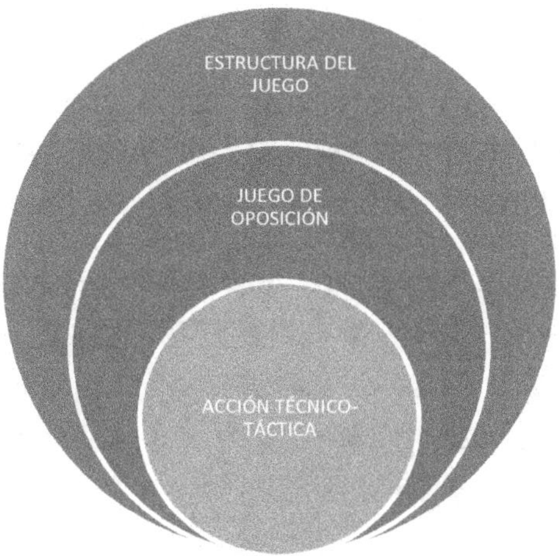

En un primer nivel más nos encontramos la **estructura del juego**, formado por la reglamentación, espacio de juego (mesa y red) y materiales usados (mesa, pelota, pala, gomas). La estructura del juego es aquello que caracteriza un deporte y lo diferencia de los otros.

A continuación, en un segundo nivel tenemos el **juego de oposición**. En el tenis de mesa se genera un contexto de oposición de uno contra uno (o dos contra dos para los dobles), con unas características propias a partir de los límites que permite la estructura del juego (reglamento, espacio de juego, etc.); es por ello que el tipo de oposición que se da en el tenis de mesa será diferente a la del baloncesto, gimnasia rítmica, kárate o bádminton.

Finalmente en el tercer nivel de nuestro esquema, vemos que el juego genera unas **acciones técnico-tácticas** determinadas de los jugadores, que podemos definir como el movimiento corporal intencionado que el jugador hace dentro de un juego de oposición para lograr su objetivo: ganar el punto. Al decir movimiento corporal intencionado estamos uniendo la técnica (movimiento), el físico (corporal) y la táctica (intencionado), al servicio de buscar ganar el punto. Además, podemos añadir que, como veremos más adelante, las acciones técnico-tácticas vienen reforzadas por procesos emociones.

Comprender el tenis de mesa a partir del esquema anterior tendrá, necesariamente, consecuencias en el entrenamiento. A continuación veremos cada uno de los niveles del esquema. Empecemos por el primer nivel: la estructura del juego.

3.4. LA ESTRUCTURA DEL TENIS DE MESA

Para acercarnos al concepto de estructura, pensemos en una persona que se encuentra en una habitación con diferentes puertas. La estructura de la habitación limita y marca todas las posibles acciones a realizar, y la posición de las paredes y las puertas definen los caminos de entrada y salida. Del mismo modo, la estructura del tenis de mesa marca los límites de aquello que los jugadores pueden (o no) hacer.

El tenis de mesa se estructura a partir del reglamento, el espacio donde se desarrolla el juego (la mesa), y las posibilidades que nos ofrecen los materiales específicos (maderas, gomas y pelotas).

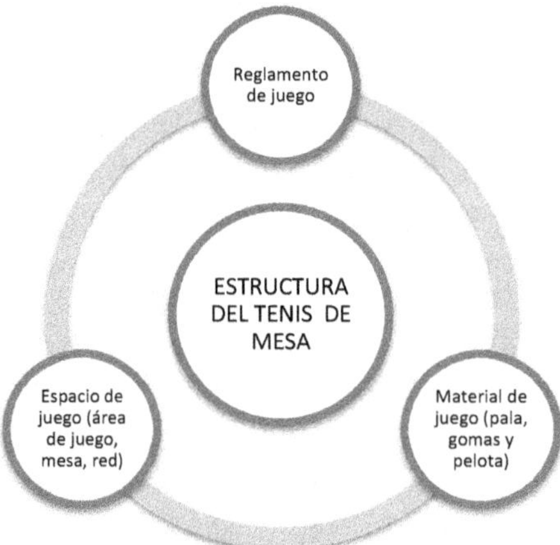

3.4.1. Reglamento técnico del juego

Uno de los elementos que conforman la estructura del tenis de mesa, y permiten un rango de acción motriz determinado y característico de nuestro deporte, es el reglamento técnico de juego. Se trata de un documento que especifica las reglas del tenis de mesa y regula todas las acciones permitidas durante el desarrollo de un partido y de la competición.

En dicho reglamento se establecen las características de algunos aspectos estructurales que limitan la acción del jugador, como la regla del servicio, el orden del juego, como se gana el punto, qué es un punto nulo,...

3.4.2. Espacio de juego

El reglamento técnico de juego regula el espacio sobre el cual se desarrolla el deporte, limitando el deporte a un superficie rectangular, con una longitud de 2,74 m y una anchura de 1,525 m, situada en un plano horizontal a 76 cm del suelo; y el conjunto de la red que consiste en la red, su suspensión y los soportes, incluyendo las fijaciones que los sujetan a la mesa. La red está suspendida de una cuerda sujeta en cada uno de sus extremos a un soporte vertical de 15,25 cm de altura; el límite exterior de los soportes a 15,25 cm por fuera de las líneas laterales.

3.4.3. Material de juego: la pelota, maderas y gomas

En primer lugar, tenemos una **pelota** de 40 mm de diámetro y pocos gramos de peso (2,7 g), que puede alcanzar una velocidad de hasta 200 km/h y un efecto de 8.000 vueltas/minuto. Estas características de la pelota junto a las pequeñas dimensiones de la mesa, convierten el tenis de mesa en un deporte muy rápido y difícil de seguir para un espectador o practicante no experto, y en que los efectos toman un papel destacado durante el juego.

En segundo lugar, vemos que el tenis de mesa es un deporte de raqueta, en el que el conjunto de la madera y las gomas tienen un papel muy importante. Hay una gran cantidad de posibles combinaciones de maderas y gomas. La utilización de un material u otro da diferentes sensaciones al jugador, y aporta diferencias y matices en las características de la pelota golpeada, produciendo más o menos velocidad, efecto, etc.

En cuanto a la **madera**, que puede tener cualquier tamaño, forma y peso, pueden ser clasificadas según:

1. Maderas lentas: Generalmente compuestas por varias capas de madera suaves que amortiguan la pelota, permitiendo un mayor control de la pelota.
2. Maderas *allround*: Son maderas que presentan el mejor compromiso entre velocidad y control. A menudo son las aconsejadas para los jugadores debutantes.
3. Maderas rápidas: Este tipo de maderas están compuestas, en la mayoría de los casos, de pocas capas de madera más duras.

Otro elemento a considerar de la madera es la forma del mango. Para los jugadores que juegan con una empuñadura europea, los principales mangos son el recto, el anatómico y cóncavo. Además, también podemos encontrar algunas maderas que tienen una versión XXS; unas palas de menos peso y con un mango de menor tamaño, muy indicadas sobretodo para niños o jugadores con la mano pequeña.

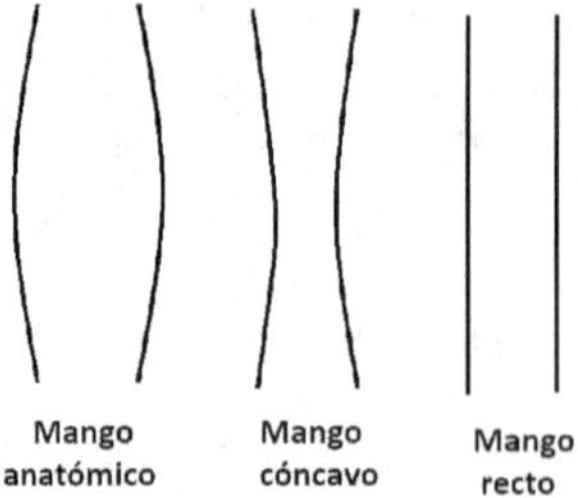

Para los jugadores con empuñadura asiática, existen también palas tanto para la presa china como japonesa, con un mango adaptado.

Si queremos analizar las gomas, el primer elemento que debemos conocer hacer referencia a su reglamentación específica: Las gomas, para competir, deben estar aprobadas e identificables con el sello de la ITTF, los dos lados de la pala deben tener dos colores distintos (rojo y negro), y si una de las caras de la pala no está provista de una goma debe pintarse de negro o rojo (en este caso, estará prohibido golpear la pelota con este lado). Además, el espesor total de la goma (esponja + caucho) no debe exceder los 4 mm, mientras que si no hay esponja (picos sin esponja, por ejemplo), este grosor se reduce a 2 mm.

Las gomas pueden agruparse en 4 grandes familias:

1. <u>Gomas lisas</u>: Es una goma con la superficie lisa, adherente y picos internos orientados hacia dentro. Entre la goma y la madera, hay una esponja más o menos gruesa, que determina en parte la velocidad de la goma (a mayor grosor, mayor velocidad). Es una goma adherente que facilita imprimir efecto a la vez que es sensible a los efectos adversos, y permite dar velocidad a la pelota. Encontramos una amplia variedad de gomas de este tipo, en función de su dureza (blandas - duras), velocidad (control – velocidad) y nivel de adherencia.

2. <u>Picos cortos</u>: Este material está compuesto por picos cortos externos, anchos y muy duros. Estas gomas no son muy sensible a los efectos adversos, permiten jugar con velocidad, y variar en los bloqueos y ataques. Al contrario de lo que se pueda pensar, se puede dar efecto con los picos cortos, aunque puede resultar un material poco adherente si no se usa correctamente.

3. <u>Picos largos</u>: Los picos largos son una tipo de gomas compuestas por picos externos finos, flexibles, más o menos largos, con o sin esponja, y con la superficie del pico más o menos adherente (aunque menos que una goma lisa o los picos cortos). Los picos largos sin esponja poco adherentes invierten más los efectos del oponente pero no tienen

capacidad para producir efecto, mientras que los picos más adherentes y con esponja, con una técnica adecuada, podrán producir efecto por sí mismos. En general, los picos son un material menos sensible al efecto adverso que las gomas lisas y los picos cortos.

4. <u>Anti-top</u>: Se trata de una goma lisa sin adherencia con picos internos hacia dentro, insensible a los efectos adversos y que amortigua el choque de la pelota con la pala, lo que permite mucho control e invertir los efectos adversos. Al ser una goma lenta y sin adherencia, queda limita su capacidad de producir efecto y velocidad.

3.4.4. Acciones pala-pelota

Si combinamos los elementos del material de juego (conjunto pala-gomas), vemos que con podemos realizar cuatro acciones sobre una pelota. Estas acciones se conocen como las **acciones pala-pelota**.

- Si hacemos un contacto pala-pelota prolongado, "suave" y dando dirección a la pelota, estamos <u>acompañando</u>.
- Si golpeamos la pelota con un golpe "seco y duro", estamos <u>pegando</u>.
- Si tocamos la bola "fina" para producir efecto, estamos <u>rozando</u>. Para rozar necesitamos gomas adherentes (con antitop o picos largos sin adherencia, no podremos).
- Si quitamos la velocidad a la pelota que nos viene, estamos <u>amortiguando</u>.

Todos los golpes técnicos producen una de estas cuatro acciones, aunque también (lo más habitual) se puede producir una combinación de ellas. Algunos ejemplos:

- En un topspin con efecto, estaremos a la vez rozando y acompañando la pelota.
- Para la defensa sin efecto de derecha, el jugador defensivo deberá combinar el acompañar con amortiguar la pelota.

En el cuadro siguiente se profundiza más sobre cada una de estas acciones.

Acompañar				
Imagen: cerrar una puerta acompañando el movimiento con el brazo	Prolongar el tiempo contacto para tener mayor control y dar una dirección determinada a la pelota	- Prolongar el contacto y acompañar la pelota en la dirección buscada. - Acercar la pala a la pelota, y poca aceleración durante el contacto. - Se puede tocar la pelota por debajo, atrás o encima.	Flip, cortada sin efecto, bloqueo controlado, topspin sin efecto,...	- Importante el papel de la mano y la muñeca para la precisión fina del acompañamiento.
Pegar				
Imagen: golpear con un martillo sobre un clavo	Dar velocidad y potencia a la pelota.	- Golpe seco y duro. - Aceleración antes del contacto, con velocidad máxima durante el impacto.	Flip picado o agresivo, ataque de derecha o revés, servicio rápido, topspin fuerte, boqueo activo,...	- Importante controlar la amplitud de gesto para un buen compromiso entre velocidad y precisión.
Rascar o rozar				
Imagen: una rueda de coche derrapando	Producir una rotación o efecto a la pelota	- Contacto "fino" entre la pala y la pelota. - Aceleración antes y durante el contacto.	Topspin con efecto, sidespin, servicio con efecto, defensa cortada, bloqueo lateral,...	- Amplitud gestual relativamente corta. - Importante el papel de la mano y la muñeca para producir efecto.
Amortiguar				
Imagen: Nuestro cuerpo se hunde en una colchoneta cuando saltamos sobre ella.	Que la pelota salga a menos velocidad de lo que la hemos recibido.	- "Quitar" la energía de la pelota recibida, para que después del impacto la pelota salga con menos velocidad de la que llegó. - Aflojar y relajar la empuñadura de la pala.	Bloqueo amortiguado, juego corto, defensa sin efecto,...	- Importante relajar el brazo y la mano para los golpes que requieran amortiguar.

Una vez vistos los elementos estructurales (reglamento, espacio de juego y materiales), podemos pasar a un segundo nivel de estudio de nuestro deporte: el juego de oposición.

3.5. EL JUEGO DE OPOSICIÓN

El tenis de mesa es un juego de oposición en el que el objetivo es marcar el punto por medio de lograr que la pelota bote en el campo contrario, y que el rival no pueda devolverla. En este contexto los jugadores resuelven los problemas y retos que se encuentran durante un partido, en el que hay un elemento fundamental: el rival.

> Para comprender el tenis de mesa de forma correcta, hacer entrenamientos de calidad y poder ayudar mejor a los deportistas, los entrenadores no debemos olvidar que el jugador se encuentra condicionado por el contexto de oposición.

3.5.1. El jugador dentro de un contexto de oposición

Todas las acciones que el jugador hace durante un partido están condicionadas por el contexto de oposición. El jugador percibe constantemente información de este contexto relativa a la situación de juego, marcador, a los golpes y posición del rival, a trayectoria de la pelota, efecto, la posición propia del cuerpo, a sus emociones, etc. Con toda esta información, el jugador forma una imagen del juego del "aquí y ahora". En esta fase de percepción, el jugador percibe los elementos del juego que pueden ser:

- <u>Internos del deportista</u>: Emociones, motivaciones, posición propia y estado del cuerpo (propiocepción), lugar que el cuerpo ocupa en el espacio de juego, cognición (plan táctico), memoria sensomotriz,...

- <u>Externos</u>: Características de la sala de juego, posición y golpe del rival, marcador, mensaje del entrenador, actitud del público, lectura de las características de la pelota recibida (efecto, dirección, velocidad, etc.),...

Una vez realizada la percepción, el jugador da una respuesta o acción técnico-táctica adaptada a la situación percibida.

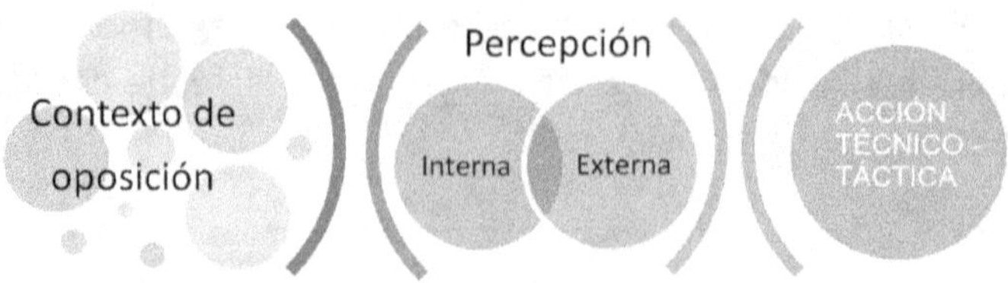

Con su acción técnico-táctica el jugador modifica de nuevo el "aquí y ahora", dando lugar a un continuo bucle percepción-acción. La percepción da lugar a una acción, y esta acción lleva al rival a actuar en función de lo que percibe, y así sucesivamente.

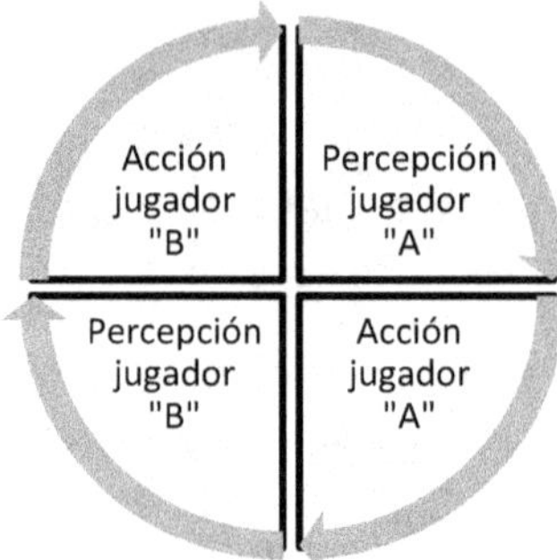

Para poder jugar bien, será necesaria tanto una correcta percepción del contexto de oposición, como actuar con una acción técnico-táctica adecuada. A continuación, estudiaremos más sobre la respuesta técnico-táctica.

3.6. LA ACCIÓN TÉCNICO-TÁCTICA

Durante el partido, toda la información que el jugador percibe le lleva a actuar por medio de movimientos coordinados en el espacio-tiempo en función de la pelota recibida, con el objetivo de ganar (o no perder) el punto. Es por medio del movimiento que el jugador se adapta e interactúa con el juego y el rival.

Este movimiento corporal produce unos patrones conocidos como técnica. La técnica es el conjunto de herramientas que el jugador dispone para interactuar con el juego de oposición. El análisis que estamos realizando quiere mostrar la técnica dentro del juego de oposición, por lo que a continuación solamente mencionaremos, sin entrar en detalle, algunas de las diferentes técnicas, que podemos agrupar en:

- <u>Servicios</u>: Servicio desde la posición de pivote, de revés, inverso, martillo o "ruso", inverso, parabrisas, rápido,...
- <u>Cortadas</u>: Cortada corta, lateral, tensa,...
- <u>Flips</u>: Flip acompañado, picado, liftado, lateral,...
- <u>Topspin</u>: Topspin con efecto, fuerte, sidespin, falso o sin efecto, contra topspin,...
- <u>Golpes de control o bloqueo</u>: Bloqueo controlado, activo, amortiguado, liftado, lateral, cortado, el control de media distancia,...
- <u>Picadas</u>: Picadas de pelotas altas, la pegada, golpe plano de control,...
- <u>Golpes defensivos</u>: La defensa cortada, sin efecto, lateral, liftada,...
- <u>Desplazamientos</u>: Los pequeños ajustes, desplazamientos laterales, desplazamientos en profundidad, pivote, desplazamientos especiales en los dobles,...

La técnica es una herramienta al servicio de la táctica, un medio para producir una acción determinada. Esto nos aleja de la idea de aprender la técnica a partir de la "metodología del gesto perfecto". La eficacia de la técnica no depende únicamente de la eficacia biomecánica, sino que pasa por resolver de forma óptima el proceso de percepción-acción en cada momento. Saber jugar (bien) es adaptarse, controlar, combinar y producir velocidad, colocación, efecto, trayectoria y dirección de la pelota. Para ello, el jugador debe dar respuesta ante una gran posibilidad de alternativas y tomar buenas decisiones.

3.6.1. La toma de decisiones

Después de la percepción del contexto, el jugador llevará a cabo una acción. Pero, ¿qué hay entre percepción y acción? ¿Cómo es la toma de decisiones? Un completo estudio sobre ello escapa de los objetivos de este apartado, sin embargo, hay dos conceptos que merecen la pena mencionar para estimular la reflexión sobre su incidencia en el aprendizaje.

En primer lugar, sabemos que aprendemos gracias a que nuestras **conexiones neuronales son plásticas**. Nuestro cerebro se moldea, refuerza y modifica mediante la práctica. Es por ello que un aprendizaje técnico que busque construir y activar redes neuronales centradas únicamente en la acción desatendiendo la percepción y la toma de decisiones, "construyen" un aprendizaje neuronal empobrecido. Sin embargo, la experiencia como entrenadores nos dice que en algunas fases del aprendizaje, los trabajos técnicos analíticos pueden ser la mejor vía para lograr unos objetivos de mejora determinados.

En segundo lugar, los estudios en neurociencia de Damasio (2011) demuestran que la razón no es el único factor en la toma de decisión, y que la **emoción** tiene en ello un papel muy importante. Resumiendo las ideas de este autor, podemos decir que para la toma de decisiones, cada una de las alternativas que tenemos almacenadas en nuestra memoria están "impregnadas" por una emoción que nos anticipa las consecuencias en caso de tomar dicha elección. Luego, decidimos (de forma poco o nada consciente) entre aquellas que lleven asociadas una emoción favorable y positiva. Si las emociones y la personalidad tienen un papel muy importante en la toma de decisión, en los entrenamientos será importante dar un papel destacado a estos procesos.

3.6.2. Los parámetros del juego

La respuesta técnico-táctica buscará ganar el punto por medio de producir y combinar en la pelota los diferentes parámetros del juego. En la clasificación del entrenador francés Gaubert (2000), encontramos los parámetros colocación, dirección, trayectoria, efecto y velocidad.

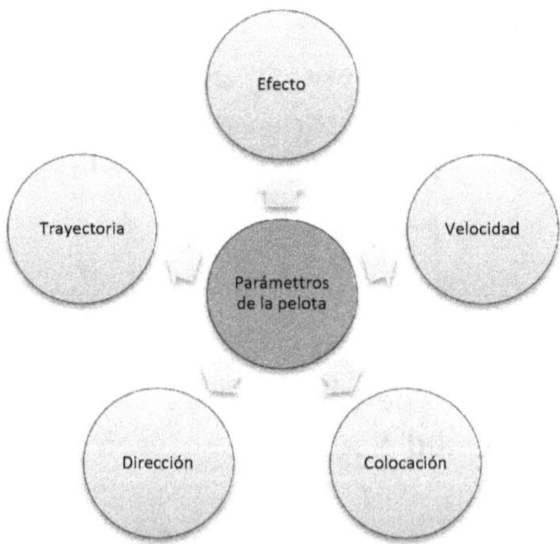

3.6.2.1. Colocación

Uno de los principales parámetros de la pelota que el jugador tiene para ganar el punto es la colocación, entendido éste como el lugar donde hace botar la pelota en el campo contrario en función dos ejes: el eje de profundidad y el eje lateral.

Si consideramos la media mesa en su eje de profundad, podemos diferenciar 3 zonas diferentes:

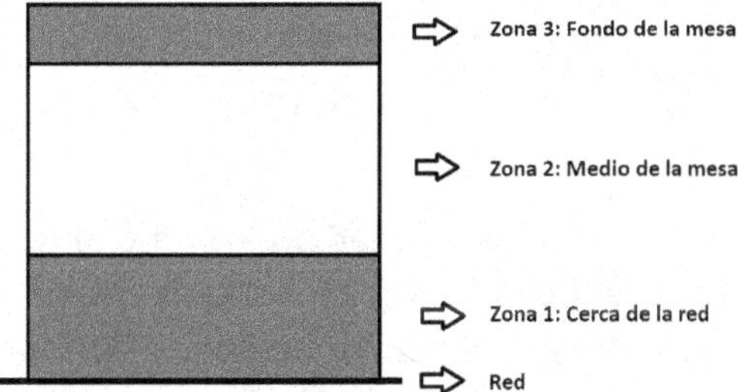

En líneas generales, una pelota enviada sobre la zona 3 tendrá una trayectoria profunda, lo que puede poner problemas en cuanto al tiempo de preparación del golpe especialmente en los que juegan cerca de la mesa. Así mismo, una pelota devuelta sobre la zona 1 tomará una trayectoria corta con lo que puede que su segundo bote sea o en la mesa, dificultando así el ataque adverso, o muy cerca de la línea de fondo, dificultando también el ataque del rival en la llamada devolución "dos botes" o "pupa". Se juga a la zona 1 sobretodo en algunos servicios y restos. Finalmente, entre los dos casos anteriores, tenemos una pelota que bota sobre la zona 2 de la mesa, que tendrá una trayectoria ni muy corta ni muy profunda, y que a priori no pondrá en excesivas dificultades al rival.

Por otra parte, si estudiamos la media mesa a partir del eje lateral, podemos diferenciar 5 zonas diferentes:

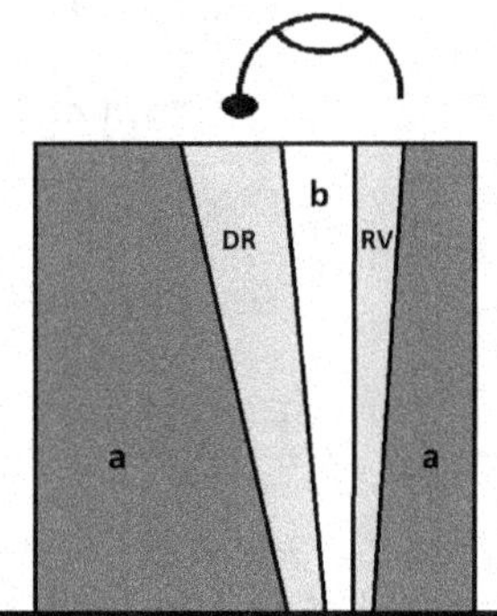

Las zonas marcadas (para el caso de un jugador diestro) como DR (derecha) y RV (revés), corresponden a la zona en la cual el rival cubre con su pala fácilmente sin necesidad de desplazarse. Por lo general, estas serán zonas a evitar ya que la pelota va directamente a la pala del otro y no supone ninguna dificultad en cuanto a colocación de la pelota. Por lo contrario, los espacios marcados con la letra "a" son aquellas zonas las que el rival necesitará hacer algún tipo de desplazamiento.

El espacio marcado con la letra "b" corresponde a la superficie de la mesa cubierta por el codo del rival. Está colocación hace difícil devolver la pelota ya que obliga al jugador a decidir rápidamente (o dudar) si jugar de revés o de derecha.

Esta clasificación de la colocación en función del eje lateral presenta una característica a destacar. Vemos que las distintas zonas no son un punto estático, sino que son espacios dinámicos que variaran en función tanto si el rival es zurdo o diestro, como de su colocación o si se encuentra cerca o lejos de la mesa. Esto demuestra la importancia de enseñar bien la táctica y a percibir la colocación el rival para más eficaz en su colocación de pelota.

Para que el jugador pueda tener la precisión de jugar en una colocación u otra, sea cual sea su posición en la mesa, será muy importante que controle bien otro parámetro del juego: la dirección.

3.6.2.2. Dirección

La dirección es la línea que sobre la cual se mueve a pelota en su trayectoria entre su punto de inicio (lugar del espacio en el que se produce el contacto con la pala) hasta el punto en el que bota en la mesa. En el tenis de mesa, podemos hablar de diferentes tipos:

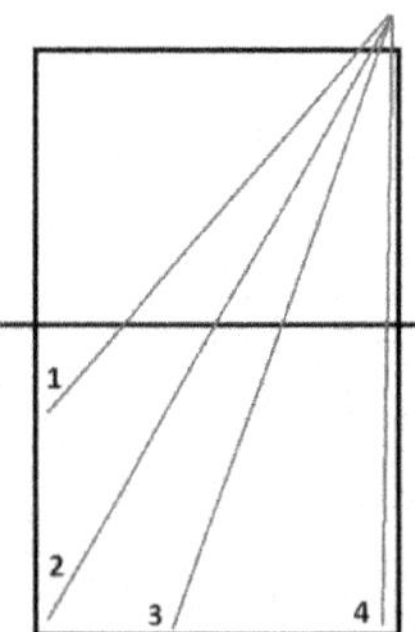

Dirección 1: Diagonal pequeña

Dirección 2: Diagonal grande

Dirección 3: Dirección al codo

Dirección 4: Paralelo

Al igual que en la colocación, la dirección que damos a la pelota debe tener un sentido táctico en función del otro y de cómo queremos anticipar su devolución.

3.6.2.3. Trayectoria

La pelota, en su desplazamiento de un lado a otro de la mesa, en su "camino" recorrido durante el intercambio, puede tomar diferentes trayectorias en el espacio.

Podemos ver las siguientes trayectorias:

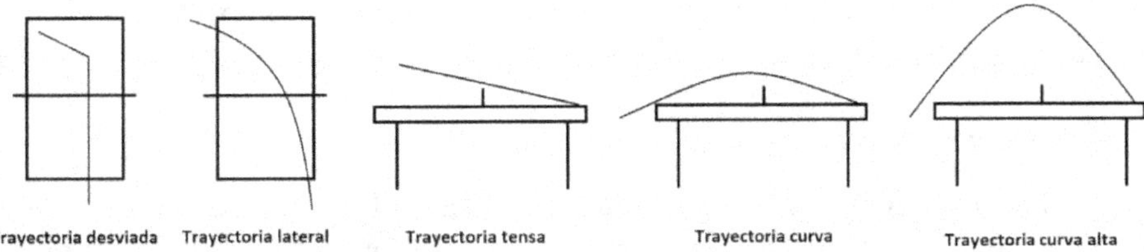

Habitualmente, una trayectoria tensa y baja pasa cerca de la red, limita las posibilidades del rival de poder jugar bien el siguiente golpe. Por otra parte, una pelota de trayectoria curva, sobre todo si es profunda y con efecto como en un topspin, puede generar una pelota difícil de devolver y permite jugar con más velocidad gracias al efecto liftado que hace "caer" la pelota en su trayectoria por el efecto Magnus[3]. Así mismo, el efecto Magnus explica las trayectorias laterales (hacia derecha o izquierda) que se dan en golpes como el sidespin. Por su parte, el efecto desviado debido a su eje de rotación (como veremos más adelante), no produce una trayectoria curva, sino que modifica su trayectoria hacia uno de los dos lados una vez la pelota bota en la mesa.

Otro aspecto es en qué momento de la trayectoria el jugador juega su golpe. Aunque la trayectoria es una variable continua, al entrenador le puede ser una herramienta útil distinguir las diferentes fases o momentos en los que el jugador puede jugar: la fase 1 hace referencia al "bote-pronto", la fase 3 representa el punto más alto de la trayectoria, mientras que las fases 2 y 4 son el momento antes y después del punto 3. Finalmente, la fase 5 se refiere a un momento bajo de la trayectoria de la pelota en su fase descendiente. La fase en que el jugador toque la pelota tendrá incidencia en el efecto, velocidad y trayectoria del golpe producido.

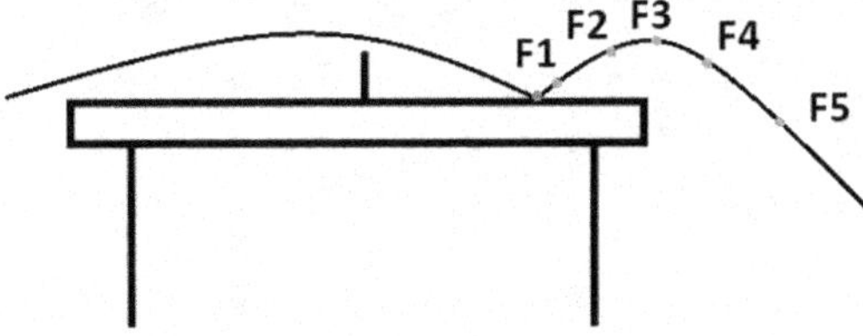

---

[3] Fenómeno físico que explica como la rotación de un objeto afecta a la trayectoria del mismo a través de un fluido, como por ejemplo, el aire.

Tanto para producir un tipo de trayectoria concreta, como para jugar en algunas de sus fases con éxito, será necesario combinar, de forma adecuada, un ángulo óptimo de apertura de la pala, una acción pala-pelota adecuada y ajustar bien la "fuerza" dada.

3.6.2.4. Efecto

El efecto viene de la capacidad que tiene el jugador de poder hacer girar una pelota sobre sí misma. Para devolver bien una pelota con efecto, hay que leer y adaptarse a este parámetro (especialmente si usa una goma más sensible a los efectos adversos).

Si hablamos de la cantidad de efecto, vemos que esta puede ser cuantificada como el número de giros de la pelota por minuto: no produce el mismo impacto una pelota que gira a 60 giros / segundo que una que lo hace a 200 giros / segundo. La cantidad de efecto dado dada por la aceleración, el material utilizado (las gomas más adherente producen más efecto), y el tipo de contacto pala-pelota (para producir efecto hay que rozar la pelota). Para lograr una velocidad máxima de rotación o efecto, será necesario conjugarlos a la vez: gomas muy adherentes, contacto fino o rozado y aceleración máxima antes y durante el contacto.

Además de la velocidad de rotación de la pelota, podemos analizar los diferentes tipos de efecto en función del eje de rotación de la pelota, tal y como propone Cazenave (2003). Según sea la dirección del movimiento de la pala (hacia adelante, arriba, abajo, al lado,...) y el punto de contacto en la pelota (por arriba, detrás, abajo o lado), se pueden producir los diferentes de efectos:

Efecto cortado	Efecto liftado	Efecto lateral	Efecto desviado
El efecto cortado se da cuando la pelota gira en dirección opuesta a la mesa, alrededor de un eje paralelo a la red.	El efecto liftado se da cuando la pelota gira en dirección hacia adelante, alrededor de un eje paralelo a la red.	El efecto lateral se da cuando la pelota gira alrededor de un eje perpendicular al suelo hacia un lado u otro.	El efecto desviado se da cuando la pelota gira alrededor de un eje perpendicular a la red, hacia un lado u otro.
Para producir efecto cortado, la pala debe rozar la pelota por debajo y con un movimiento hacia adelante, o por detrás, con un movimiento hacia abajo.	Para producir efecto liftado, la pala debe rozar la pelota por encima con un movimiento hacia adelante, o por atrás, con un movimiento hacia arriba.	Para producir efecto lateral, la pala debe rozar la pelota por detrás con un movimiento hacia el lado, o por el lado en un movimiento hacia adelante.	Para producir efecto desviado, la pala debe rozar la pelota por debajo, con un movimiento hacia la derecha o la izquierda.
La pelota, después de botar, se frenará tendiendo a retroceder. Al contacto con la pala, una pelota con efecto cortado tiende a bajar y, por lo tanto, ir hacía la red.	La pelota, después de botar, "saltará" hacia adelante. Al contacto con la pala, una pelota con efecto liftado, podemos ver como tiende a elevarse y salir hacia arriba.	La pelota puede hacer una trayectoria curva hacia un lado durante su desplazamiento por el aire. Al contacto con la pala, una pelota con efecto lateral tiende a cambiar la dirección hacia el lado opuesto al sentido de la rotación.	La pelota, después de botar, cambia de dirección. Al contacto con la pala, una pelota con efecto desviado tiende a cambiar ligeramente la dirección. Este efecto se utiliza básicamente en algunos servicios.

Además, los efectos se pueden combinar entre ellos si imprimimos una rotación a la pelota sobre un eje de rotación diagonal, dando lugar a:

- Efecto liftado con efecto lateral (a la izquierda o la derecha).
- Efecto liftado con efecto desviado (a la izquierda o la derecha).
- Efecto cortado con efecto lateral (a la izquierda o la derecha).
- Efecto cortado con efecto desviado (a la izquierda o la derecha).

3.6.2.5. Velocidad

La velocidad como parámetro de juego puede ser entendida también como el ritmo en el intercambio, haciendo referencia al tiempo que tarda la pelota en llegar de nuevo al jugador. Una pelota rápida dejará menos tiempo al rival para poder percibir y actuar.

La frecuencia o velocidad del juego viene dada por dos elementos:

- El momento de contacto de la pala con la pelota. Cuando antes el jugador juegue la pelota en su trayectoria (más cerca del bote), menos tiempo daremos al rival para reaccionar y jugar de forma eficaz.
- La velocidad que la pala transmite a la pelota.

Así mismo, en el juego podemos identificar diferentes manifestaciones de la velocidad que permiten jugar más o menos rápido:

- Velocidad de ejecución de un golpe (muy ligado a la noción de aceleración en que la pala pasa de lento a rápido), que puede producir tanto efecto como velocidad.
- Velocidad en cuanto a la frecuencia del encadenamiento de diferentes acciones técnicas seguidas.
- La velocidad de desplazamiento.
- La velocidad de reacción.

3.6.3. Los engaños

Además de los diferentes parámetros del juego, otra herramienta para ganar el punto, muy relacionada con la creatividad y la destreza, es engañar al rival por medio de esconder lo que realmente hacemos o simular una acción que no hemos hecho.

El engaño puede darse tanto en la realización de un golpe muy parecido a otro (como por ejemplo hacer un topspin sin efecto haciendo creer al rival que sí que lleva efecto, engañando con el momento en que se realiza la aceleración). Además, podemos engañar si se acompaña el movimiento o con falsas informaciones (como sucede a menudo con los servicios en los que se realizan movimientos con el fin de confundir al rival sobre el efecto dado). Son muchas las posibilidades que el jugador tiene para engañar con informaciones falsas. Podemos hacer engaños en todas las características de la pelota y en todas las técnicas del juego, "fintando" con el movimiento de los hombros, utilizando la muñeca para cambiar en el último momento la dirección que damos a la pelota, etc.

3.6.4. Los estilos de juego

Con el paso del tiempo y las horas de práctica y juego, cada jugador desarrolla unos patrones típicos en cuanto a su toma de decisión y acciones técnico-tácticas. Estos patrones o regularidades forman un estilo de juego. El estilo de juego nos dice la forma con la que el jugador quiere marcar el punto, ya sea buscando imponer un ritmo rápido, con la colocación y dirección de la pelota, buscar recurrentemente un golpe fuerte, querer provocar el fallo del rival por medio de la variación de los efectos, etc.

En el tenis de mesa, a pesar que existen tantos estilos de juego como jugadores, de forma muy general, Leger (2003) propone cuatro grandes familias en las que pueden ser agrupados el estilo de los jugadores:

- Atacantes cerca de la mesa: Jugadores que prefieren jugar cerca de la mesa, atacar antes que el rival (con flip o topspin) para llevar la iniciativa del punto, y utilizar la velocidad, colocación y los efectos. Generalmente estos jugadores tienen un golpe fuerte (por ejemplo el topspin de derecha), así como una buena gestión de las primeras pelotas (servicio, restada, primer ataque) que les permite marcar el punto de forma rápida. Suelen llevar dos gomas lisas, aunque hay casos de jugadores que usan o picos cortos de ataque, o picos largos usándolos cerca de la mesa con golpes agresivos.
- Atacantes de media distancia: Jugadores que prefieren jugar lejos de la mesa, abrir rápido el intercambio de golpes, atacar preferentemente con el topspin y contratopspin de lejos, y utilizar las variaciones de colocación y efectos para ganar el punto. Al jugar lejos de la mesa con topspin, son jugadores que suelen jugar con dos gomas lisas.
- Bloqueadores: Jugadores que prefieren jugar cerca de la mesa y dejar que el rival ataque primero para poder contraatacar utilizando la velocidad, colocación y trayectoria. Actualmente, este juego ha evolucionado y además del bloqueo, vemos como el contratopspin sobre la mesa se ha impuesto en este estilo de juego, añadiendo mayor velocidad y efecto

a los contraataques. Además, los bloqueadores también buscan sorprender atacando algunos puntos para desestabilizar al rival y dificultar su adaptación al juego. Suelen llevar dos gomas lisas, aunque hay casos de jugadores que usan los picos cortos o largos para tener más variación en su juego.

- <u>Defensivos</u>: Jugadores que prefieren jugar lejos de la mesa y hacer fallar al rival por medio de la defensa cortada, lateral, sin efecto o liftada, variando el efecto de la pelota reforzado por el material usado (normalmente algún tipo de picos, antitop o gomas lisas). Además, el jugador defensivo moderno no solo es paciente y perseverante, sino que también toma riesgos con el ataque o el contraataque, sorprende y es polivalente en su juego.

Cada jugador tiene su estilo propio, pero debido a que en un partido se producen imprevisibles variaciones de la situación del juego, el jugador deberá saber percibirlas para adaptar su acción de la forma más eficaz posible, tomando a veces diferentes roles y respuestas típicas de otros estilos.

Para terminar este capítulo, lanzamos una pregunta para reflexionar: partiendo de la naturaleza y características del juego de oposición, ¿qué rol debe tomar el entrenador en la construcción del estilo de juego personal del jugador?

3.7. CONCLUSIONES

Saber jugar es entender el juego, y esto implica saber navegar en el juego de oposición, con un rival. ¿Podemos aprender el juego de oposición sin dominar bien la técnica?

A menudo, pensamos que es importante evitar que el jugador adquiera malos hábitos técnicos, por lo que los entrenamientos se centran, ya desde el principio, en buscar una precisión técnica grande. Sin embargo, esta es una visión que no comprende el tenis de mesa como un juego de oposición. **Si desde el principio se enseñar el contexto de oposición, se está construyendo al jugador para que sepa percibir y adaptarse a los problemas del rival, y a buscar formas de marcar el punto.**

El juego de oposición representa, además, la confrontación de uno contra uno, sin posibilidad de empatar, e implica obligatoriamente la "muerte simbólica" de unos de los participantes. Las emociones y la actitud ejercen una influencia sobre la técnica, la toma de decisiones, la motivación, la forma de entrenar, de relacionarse con el entrenador, abandonar el deporte o seguir jugando, etc., por lo que **la educación emocional se nos presenta como una exigencia más en el entrenamiento.**

Finalmente, la neurociencia nos ha dicho que aprendemos más y mejor cuando lo pasamos bien, por lo que la emoción principal durante el proceso de aprendizaje debe ser el **entusiasmo y diversión**; emociones que debemos cultivar y cuidar como compañeras de viaje en el desarrollo de los jugadores, especialmente entre los jóvenes de iniciación, que viene a jugar a pingpong para pasarlo bien y hacer amigos.

3.8. RESUMEN DEL CAPÍTULO

- El tenis de mesa es un deporte que se estructura a partir de su reglamentación, del espacio de juego formado por la mesa y la red, la pelota y por las características del material de juego (madera y gomas).

- La interacción entre la pala y la pelota ofrece 4 posibilidades al jugador en la acción pala-pelota: pegar, rascar, rozar y amortiguar.

- El tenis de mesa es un juego que se da dentro de un contexto de oposición. Olvidar este aspecto, empobrece el entrenamiento, ya que el juego de oposición tiene una influencia directa sobre el jugador.

- No existe el modelo a enseñar o "técnica perfecta". La técnica es una acción que se adapta a al juego de oposición del rival, a la vez que una herramienta que busca ganar el punto por medio de producir una acción palapelota que genere diferentes parámetros de la pelota (colocación, dirección, trayectoria, efecto y velocidad) y los engaños.

- Las emociones juegan un papel muy importante tanto en la ejecución de la técnica como en la toma de decisión. Es por ello que la educación emocional tiene un papel importante en la formación del jugador.

- El estilo de juego no es algo fijo, ya que durante el partido debemos responder a situaciones variables. Es por ello que debemos entrenar esta capacidad de adaptación necesaria en un juego de oposición.

3.9. REFERENCIAS

Cazenave, R. (2003). Les rotations. Toulouse: Savoir gagner

Damasio, A. (2011). El error de descartes. Barcelona: Ediciones destino

Gaubert, C. (2000). Pour une pédagodie du tennis de table. Pontoise: CRDP de l'Académie de Versailles

Leger, P. (2003). Comment gagner un match. Toulouse: Savoir gagner

Capítulo **4**
¿QUÉ APRENDER DURANTE LA INICIACIÓN?

David Soler

"El que ama la práctica sin la teoría es como el marinero que sube a bordo sin timón ni brújula y nunca sabe dónde acabará"
Leonardo Da Vinci

4.1. OBJETIVOS DEL MÓDULO

- Conocer la enseñanza por competencias aplicada a la iniciación al tenis de mesa.
- Presentar el contenido de la iniciación a partir de los 3 ejes de trabajo de la iniciación.
- Desarrollar cada uno de los aspectos técnico-tácticos derivados de cada eje de aprendizaje.
- Indicar las adaptaciones para el trabajo de iniciación tanto con adultos y como niños de 4 a 7 años.

4.2. EL APRENDIZAJE POR COMPETENCIAS EN LA ENSEÑANZA DEL TENIS DE MESA

El cerebro es el principal regulador de la actividad del cuerpo durante el juego. La información viaja de los sentidos del jugador a su cerebro, y por medio de las conexiones neuronales, el cerebro la procesa y genera una respuesta motriz. Durante estos procedimientos neuronales, los conocimientos, la memoria, las creencias y las emociones actúan como soporte sobre el cual se desarrollan estos procesos.

El factor emocional en el juego se refleja en unas actitudes que permiten, o no, que el jugador realice una acción u otra, y es por ello que debemos encontrar una metodología que permita un trabajo que vaya más allá de las habilidades físicas y técnico-tácticas típicas. Incluir la enseñanza de emociones y actitudes es romper con lo tradicional, dejando atrás los contenidos de la enseñanza organizados a partir de una lista de elementos técnicos que los jugadores deben ir aprendiendo uno tras otro.

Para logra una aplicación de estas ideas, nuestra propuesta es el aprendizaje a partir de las competencias del jugador. Según la RAE, competencia es la "pericia, aptitud o idoneidad para hacer algo o intervenir en un asunto determinado". En la formación del deportista, significa que el jugador sea competente en los entornos en los que necesita desenvolverse con éxito: el entrenamiento y la competición. Ser competente en estos contextos requiere no solamente de habilidades técnico-tácticas, sino también de conocimientos teóricos, que el jugador entienda el juego de oposición, capacidad de reflexión, saberse relacionar y comunicarse con el entrenador, crear un vínculo con los compañeros de club, y unas actitudes y emociones determinadas tanto con la tarea a realizar, con uno mismo y con los demás. Para ello, proponemos el aprendizaje organizado en tres niveles de saber: saber, saber hacer y saber ser/estar.

- **Saber (conceptos)**. Este primer nivel hace referencia a los conocimientos teóricos y la capacidad de razonar y cuestionar las cosas que vienen dadas.

- **Saber hacer (procedimientos)**. Este nivel de conocimiento incluye principalmente las conductas y habilidades físicas y técnico-tácticas específicas del deporte.

- **Saber ser/estar (actitudes)**. Este nivel de saber hace referencia a las actitudes en una situación determinada. El jugador, para poder progresar, debe relacionarse positivamente con los entrenadores y compañeros, así como tener una actitud determinada ante el aprendizaje. En este punto, la inteligencia emocional y los objetivos actitudinales son un punto destacado de la metodología de enseñanza por competencias.

A continuación presentaremos una propuesta de los contenidos de trabajo de la iniciación a partir de estos tres niveles de saber de un aprendizaje por competencias.

4.3. LOS EJES DE TRABAJO EN LA INICIACIÓN

Nuestra propuesta de programación para la iniciación, basada en las competencias, se estructura a partir de tres ejes de trabajo. Cada eje está formado por una familia de diferentes objetivos que nacen del objetivo pedagógico principal de cada eje.

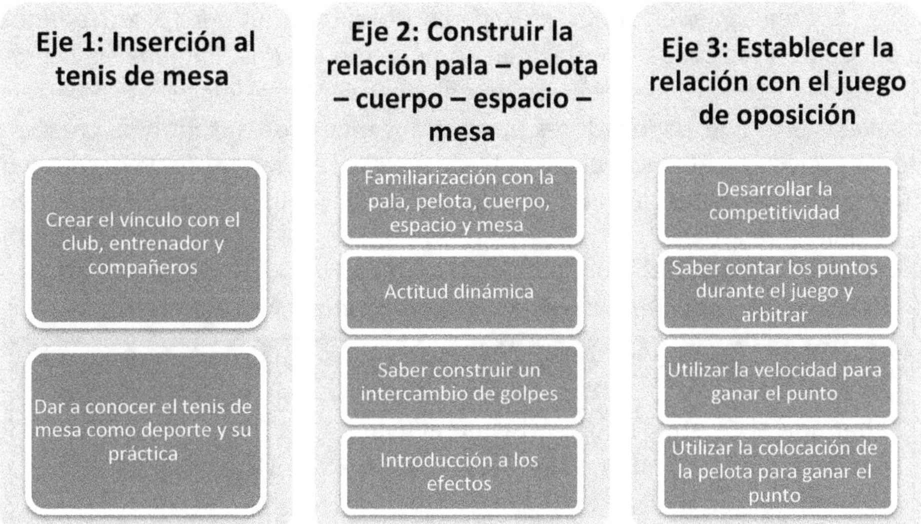

Cada uno de los ejes tiene diferentes contenidos organizados en tres niveles de saber: saber, saber hacer y saber estar/ser. A la práctica esto conlleva tener objetivos conceptuales, procedimentales y actitudinales. Sin embargo, no podemos olvidar que estos objetivos son flexibles, y necesariamente adaptable al nivel, edad y contexto de cada jugador y entrenador.

A continuación profundizaremos sobre cada uno de ellos, así como a analizar sobre los principales aspectos técnico-tácticos que constituyen los objetivos propuestos para cada eje.

4.3.1. El eje 1: Construir el vínculo con el juego, la actividad y el club

En este punto tenemos aquellos saberes que el jugador debe adquirir, durante la iniciación, de los conceptos, procedimientos y actitudes que hacen referencia a su inserción en la práctica deportiva, entrenamiento y al club. Este punto es una de las grandes prioridades en la iniciación; si el debutante se adapta bien al club, se implica y se siente vinculado con sus nuevos compañeros seguramente seguirá jugando, lo que supondrá ya el primer éxito del entrenador: que los jugadores quieran seguir en el club y jugando al tenis de mesa.

Además, la construcción del vínculo del nuevo jugador con la actividad es el momento para enseñar las reglas propias del club. Este aspecto es también muy importante ya que para progresar hay que saber entrenar bien, y al enseñar las reglas de conducta, los valores y actitudes del entrenamiento, el jugador empezará a aprender a saber entrenar bien.

Las reglas deben adaptarse a cada contexto, y debe ser el entrenador o el equipo técnico los que decidan cómo establecerlas. En general, las reglas deben permitir que la sesión de entrenamiento de iniciación sea divertida y segura, que los jugadores puedan aprender con autonomía, creatividad y a relacionarse entre ellos, a la vez que el entrenador pueda hacer bien su trabajo (ser escuchado cuando habla y poder realizar su planificación de la sesión).

Objetivo: Crear el vínculo con el club, entrenador y compañeros		
Conceptos	Procedimientos	Actitudes
Saber que el objetivo de la actividad en un primer momento es pasarlo bien jugando con los compañeros.	Participar activamente en los juegos de entrenamiento junto con los compañeros.	Disfrutar jugando. Compañerismo.
Conocer el espacio, los técnicos y el contexto del club o escuela donde se desarrolla la actividad.	Formar parte de las actividades y de la "vida del club".	Voluntad de integrarse en el club o escuela.
Conocer la filosofía del club.	Participar activamente en las charlas de grupo en el club.	La actitud del jugador es coherente con los principios y filosofía del club o escuela.

Objetivo: Dar a conocer el tenis de mesa como deporte y su práctica		
Conceptos	Procedimientos	Actitudes
Conocer las pautas actitudinales del entrenamiento.	Seguir las pautas actitudinales acordadas.	Respeto por las pautas acordadas. Actitud comunicativa abierta ante las dudas que le puedan surgir en relación a las reglas.
Conocer el tenis de mesa como deporte de alto nivel, así como los jugadores del primer equipo del club.	Saber cómo buscar videos en internet de jugadores de alto nivel, información sobre campeonatos, etc. Ir a ver partidos de los primeros equipos del club.	Motivación e interés por el mundo del tenis de mesa.

4.3.2. El eje 2: Construir la relación pala – pelota – cuerpo – espacio – mesa

En este punto, tenemos aquellos saberes que hacen referencia a los diferentes conceptos, procedimientos y actitudes que el jugador debe adquirir en referencia al dominio y familiarización de los elementos del juego como el espacio, la pala, la pelota y la mesa.

Este eje tiene por objetivo el desarrollo de la destreza y la habilidad del debutante; cualidades que nos acercarán a la capacidad de aprender rápidamente un nuevo gesto, ejecutarlo con relajación, precisión, y usando la cantidad mínima de energía muscular requerida para jugar de formar efectiva, económica y eficiente.

Para mejorar la destreza y la habilidad, es necesario empezar a trabajarlas lo antes posible, haciendo su práctica una prioridad en la iniciación. Esto requerirá de un trabajo continuado así como variación en los medios para entrenarlas, usando un abanico de propuestas lo mayor posible.

Objetivo: Familiarización con la pala, pelota, cuerpo, espacio y mesa		
Conceptos	Procedimientos	Actitudes
Conocer las diferentes empuñaduras posibles de la pala, así como los errores básicos a evitar.	Tener una empuñadura correcta, cómoda, relajada y adaptada al jugador.	Activación a la vez que el brazo y empuñadura relajados.
Conocer el significado de "brazo relajado".	Saber contraer - relajar los músculos del brazo para generar diferentes estados de tensión muscular.	Concentración en el propio cuerpo.
	Habilidad con los "malabarismos" o "toques" usando la pala, pelota y cuerpo.	Auto-superación, concentración y diversión.
Conocer y diferenciar las acciones pala – pelota: pegar, acompañar y amortiguar	Poder producir dichas acciones en situaciones fáciles.	Concentrado tanto en las sensaciones corporales como en el resultado de dichas acciones.

La pala y la empuñadura

Es recomendable enseñar a los principiantes bien la empuñadura de la pala, ya que esto facilitará el aprendizaje sin limitar la adquisición de la futura técnica.

El entrenador puede presentar al jugador las diferentes empuñaduras, a la vez que está atento a su evolución durante los primeros años para determinar luego, con el jugador, el agarre más apropiado para su progreso

La empuñadura europea

Se llama así porque es la más utilizada en Europa. Con este tipo de empuñadura, los dos lados pala se usan sin favorecer uno sobre el otro, y es la que priorizaremos, por cuestiones culturales, en este libro.

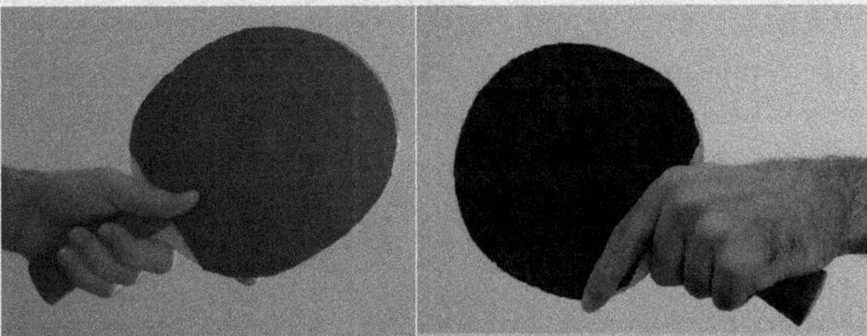

Aprendizaje:

Cuando se habla de la empuñadura correcta, nos surge una primera duda: ¿dar libertad al jugador? ¿Intervenir más o menos para corregir la tendencia natural de cada practicante a la hora de sostener la pala en su mano?

El criterio principal que deber seguir el entrenador de iniciación es que **la empuñadura no debe ser un obstáculo futuro para el progreso técnico**. La empuñadura, para no ser un obstáculo, debe poder permitir que en el futuro el jugador pueda:

- Jugar con el <u>brazo relajado</u>. Para ello es imprescindible tener una empuñadura relajada que no sostenga la pala con demasiada fuerza. En el caso de la presa europea, cuando se aprietan mucho los dedos del mango (dedos meñique, anular y medio), se tensa más el brazo. Para ello, es beneficioso:

- Sostener la pala principalmente con los dedos pulgar e índice, haciendo una pinza en ambos lados (pulgar el lado de la derecha, e índice en el revés). Por lo tanto, hay que buscar una empuñadura en la que estos dos dedos estén en contacto con su lado correspondiente, ya que sino el jugador se verá obligado a sostener la raqueta haciendo más fuerza de la requerida con los dedos del mango.

- Tener los dedos del mango relajados y lo más juntos posibles entre ellos.
- Imaginar que estamos sosteniendo un huevo: hay que tenerlo en la mano con firmeza para que no se nos escape, pero con cuidado sin apretar demasiado.
- No usar una pala muy pesada o un mango demasiado grande y poco adaptado a la mano del jugador (especialmente con los más jóvenes).

- Tener buena <u>movilidad de la muñeca</u>. Para tener una muñeca flexible y "libre", es importante seguir las mismas indicaciones que en el punto anterior y tener una empuñadura relajada. Cuando apretamos mucho la pala, vemos que la muñeca se vuelve más rígida y permite menor velocidad y rango de movimiento. Por ejemplo, para tener un mayor rango de movimiento de la muñeca en los servicios, los jugadores modifican su empuñadura para hacerla un poco más parecida a una presa asiática.

En este sentido, puede ser interesante buscar juegos de aprendizaje que hagan movilizar la muñeca para evitar que se bloquee con un agarre demasiado firme.

- Las <u>sensaciones</u>. Una buena empuñadura debe permitir al jugador recibir lo mejor posible las sensaciones que vienen de la vibración de la pala al contactar con la pelota. Estas sensaciones serán necesarias para el aprendizaje, el control de pelota y la capacidad de poder matizar la acción pala-pelota. Para ello es importante que las partes más sensibles de los dedos y la palma de la mano estén en contacto con la pala y relajados.

- Poder usar diferentes ángulos de apertura de la pala. La empuñadura no puede limitar el <u>rango de ángulos</u> en los cuales el jugador puede abrir o cerrar la pala.

- Velocidad del juego. Para jugar bien es importante dominar la velocidad en todas sus manifestaciones, y una buena empuñadura debe permitir tanto poder <u>encadenar golpes con una frecuencia muy alta</u> (especialmente cuando hay cambios de derecha a revés), así como dar velocidad a la pelota (la empuñadura debe estar relajada, pero lo suficientemente firme como para poder "acelerar fuerte" y poder producir velocidad y/o efecto).

- Una buena posición de la muñeca y el brazo que permita poder realizar bien la aceleración y el contacto, en el trabajo futuro de la técnica. Para ello, en general, será importante evitar las empuñaduras con:

- Pulgar o índice demasiado "altos" o "subidos".
- Muñeca está doblada hacia adentro (como acercando la pala a la parte interior del codo) o "caída" hacia abajo

- Comodidad. Al final, a pesar de todos los criterios anteriores, la comodidad y confianza con que el jugador sostiene la pala es importante. No hay una regla fija para todos, sino que en cada caso habrá que buscar el compromiso entre todos los factores mencionados y hacer un "cálculo de prioridades individual" para decidir. Una empuñadura para cada jugador. En este sentido, podemos ver que se puede:

- Empuñar la pala por la parte más alta del mango. Esto limita la libertad de la muñeca y la relajación del brazo, pero permite jugar golpes más fuertes.
- Empuñar la pala desde una parte del mango ligeramente más baja de lo normal, que permitirá una movilidad de la muñeca mayor y un mejor uso de la mano (por ejemplo, en los restos o topspin de revés). Además, estas empuñaduras favorecen las sensaciones en el momento del contacto.

Las empuñaduras asiáticas:

Su principal ventaja es la mejor movilidad de la muñeca que permite producir más efecto.

En estas empuñaduras, el lado del revés puede quedar limitado. Para compensar este desequilibrio, suele ser requeridos jugadores con muy buena velocidad de desplazamientos. Por otra parte, los jugadores asiáticos de alto nivel que usan esta empuñadura, han buscado algunas adaptaciones para compensar la relativa debilidad en su lado de revés, y con el tiempo han desarrollado un revés realizando una técnica parecida al revés de la empuñadura europea.

Podemos hablar de dos variantes en las empuñaduras asiáticas, que difieren según la posición de los dedos y el material utilizado. En primer lugar tenemos la empuñadura china, que consiste en pinzar el mango de la raqueta con el pulgar y el índice, mientras que los otros dedos se apoyan "doblados y unidos" sobre el lado del revés.

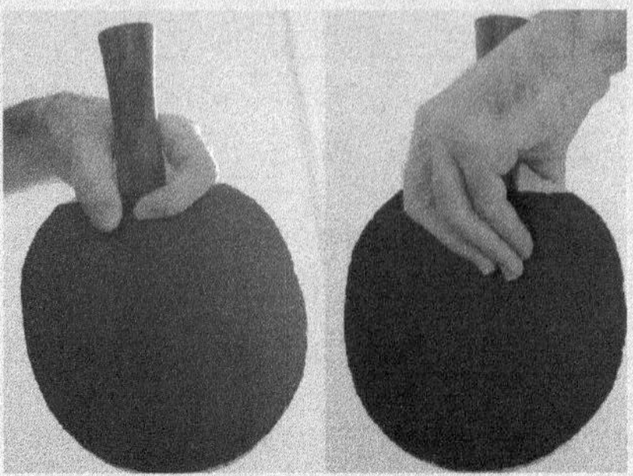

Por otra parte, en la <u>empuñadura japonesa</u>, el pulgar y el dedo índice forman igualmente una pinza que "engancha" el mango en la parte delantera de la pala, pero a diferencia de la presa china, los otros dedos se apoyan "estirados" sobre la parte posterior de la pala favoreciendo la potencia del golpe de derecha, pero limitando mucho más el juego desde el lado del revés.

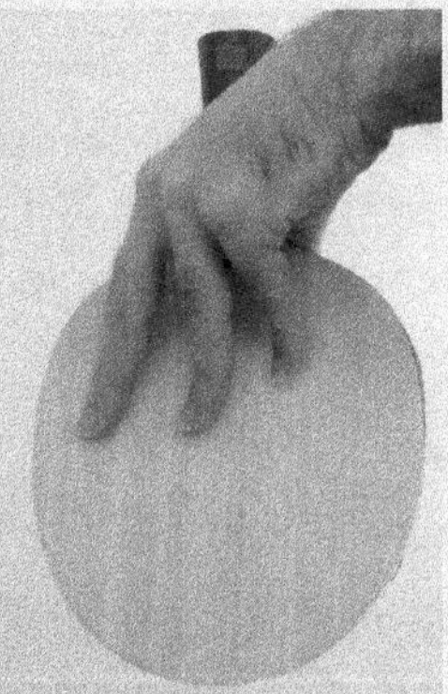

Para jugar con una presa asiática se recomienda el uso de maderas específicas (aunque no es un requisito legal). Para la empuñadura china se usa una pala con el mango más corto, mientras que en la japonesa las palas utilizadas tienen el mango y la madera más gruesos.

La elección de la empuñadura

Es deseable que el entrenador conozca las particularidades de cada empuñadura (ventajas y desventajas) para poder guiar al jugador hacia una u otra en función de sus características. Es por ello que la experiencia y formación del entrenador será un elemento clave. Sin embargo, vemos que pocos entrenadores europeos han enseñado a jugador con presa asiática. Además, en general, los proveedores especializados en el material de juego nos ofrecen una amplia gama de maderas y mangos para la presa europea, pero un rango más restringido para la asiática.

En resumen, podemos decir que:

- Imponer una empuñadura demasiado estricta a un jugador probablemente será un obstáculo para su futuro aprendizaje técnico.

- El entrenador deberá conocer bien las sensaciones, fortalezas, debilidades y problemas que presentan una empuñadura determinada (especialmente si quiere empezar con una presa asiática).

- La empuñadura de la pala no es un parámetro fijo. Pueden existir variaciones individuales (de hecho, puede cambiar con la evolución del nivel de juego del jugador).

- El jugador debe sentir personalmente la empuñadura que le da mejores sensaciones, motivación y confianza.

La elección del material de juego del jugador de iniciación

Para la elección de la pala en debutantes no hay una ley fija ni un material mejor que otro; sin embargo, el entrenador debe evitar que sean las familias o el jugador que sin criterio, por ejemplo, compren una pala muy cara demasiado rápida, o una de poca calidad con gomas no adherentes.

Para la elección del material de un debutante, podemos seguir algunos criterios:

- <u>Economía familiar:</u>

En general, las gomas homologadas ITTF más económicas son ideales para la iniciación, ya que, en general, son bastante neutras; ni muy rápidas ni muy específicas. Sin embargo, con el debutante tal vez puede ser bueno evitar las gomas extremadamente duras, que aunque facilitan el aprendizaje de saber producir efecto, las sensaciones que da esta goma puede ser menos interesantes.

- <u>Que las características del material no limiten la progresión:</u>

Es muy importante no tener un material que impida un contacto pala-pelota. El material debe tener una mínima calidad con unas gomas adherentes (por lo tanto, empezaremos con dos gomas lisas). Si no, se fomentarán la técnica en base a movimientos parásitos y se dará al jugador unas sensaciones distorsionadas.

Si el conjunto madera-gomas nos da una pala demasiado rápida, se distorsionarán también las sensaciones que el practicante debe tener en su mano en el momento de familiarizase con la pala y la pelota, además de menor control de pelota.

Otro punto a destacar es la elección del tipo de mango. Esto depende principalmente de las características de la mano del practicante así como su sensación de comodidad. En general, podemos decir que el mango debe permitir al jugador una buena movilidad de la muñeca, tener buenas sensaciones, y ayudar a mantener la mano y el brazo relajados durante el juego. En el caso particular de los más jóvenes con la mano más pequeña, son muy recomendables los mangos XXS, de menor tamaño y peso.

En resumen, podemos decir que el material para la iniciación debe ser **neutro, sencillo, gomas adherentes, mango adaptado** al tamaño de la mano del jugador, y **peso de la pala coherente a su fuerza**. Más adelante, en futuras etapas formativas, ya se avanzará e individualizará hacia un material u otro.

La acciones pala-pelota

La familiarización con las acciones pala-pelota es un punto de partida necesario para los futuros aprendizajes. El domino de la 4 acciones dará al jugador un bagaje de sensaciones y habilidad sobre los cuales será más fácil construir la futura técnica, dotarla de mayor calidad, y poder o combinar las diferentes acciones entre ellas.

Para su aprendizaje, puede ser bueno poner el foco del jugador tanto en la naturaleza del contacto, como en las consecuencias del contacto sobre la pelota jugada.

Pegar: En esta acción es importante la precisión del contacto "seco y duro" de la pelota (acelerando antes y durante del contacto). El objetivo es realizar un contacto corto que produzca una pelota con mucha velocidad (sin renunciar al control). Habitualmente el debutante cuando quiere jugar "fuerte", tiende a realizar gestos demasiado largos (y muy poco precisos), tanto en la fase de preparación del golpe como en la fase de ejecución.

Esta acción será importante para el futuro aprendizaje de todos los golpes ofensivos (atacar globos, bloqueo activo, topspin fuerte, etc.).

Acompañar: Para realizar esta acción, hay que acercar "suave" la pala a la pelota (para evitar un choque duro) y acelerar durante el contacto, con el fin de prolongarlo y poder dar la dirección deseada a la pelota. El "acompañamiento" del gesto durante el contacto, así como el ángulo de la pala, nos dará la dirección y colocación de la pelota.

Esta acción será importante para el futuro aprendizaje, por ejemplo, del bloqueo y del topspin, en los que se buscará prolongar el contacto con un buen acompañamiento para jugar con colocación.

Rozar: Para producir algún tipo de efecto es necesario un "contacto fino" que permita hacer girar la pelota sobre si misma, así como acelerar antes y durante el contacto. Si no se acelera, o se golpea la pelota (sin rozarla), no se podrá producir efecto. Además, será importante la dirección del movimiento de la pala y el punto de contacto sobre la pelota, para poder determinar el tipo de efecto buscado.

Esta acción será importante para el futuro aprendizaje de, por ejemplo, el topspin, servicios, cortadas, flips, defensa cortada, etc.

Amortiguar: La acción de amortiguar quita energía de la pelota: la pelota viene con una velocidad determinada, y después del contacto, esta velocidad es menor. Para poder amortiguar es importante la relajación de la empuñadura, para que la pala pueda "encajar" el golpe", y no acelerar. Además, se puede realizar un pequeño movimiento con la mano en dirección contraria a la dirección del golpe para poder quitar aún más energía de la pelota.

Esta acción será importante para el futuro aprendizaje del bloqueo-control, de la defensa cortada, y del control de la pelota en general. Además, es un buen aprendizaje para que el jugador entienda y sienta lo que significa jugar con el brazo relajado.

Objetivo: Actitud dinámica		
Conceptos	Procedimientos	Actitudes
Saber apreciar que el tenis de mesa es un deporte que requiere mucho movimiento del cuerpo y las piernas.	Jugar con una actitud dinámica en la mesa: movimiento constante siempre en función de la pelota.	Activación y dinamismo.
Para jugar bien es necesario estar muy activo de cuerpo y piernas, a la vez que relajado de brazo.	Moverse rápido y ser reactivo a la vez que mantiene el brazo relajado.	Activación y relajación.
Conocer la dinámica del paso lateral.	Desplazamientos laterales en función de la pelota recibida.	Activación y dinamismo.
Conocer el concepto de pivotar.	Poder jugar con la derecha una pelota que le llega al revés.	Activación y dinamismo.

La actitud dinámica

La actitud dinámica es la base idónea para, en un futuro en la tecnificación, poder hacer buen trabajo técnico de todos los desplazamientos del tenis de mesa. Es por ello que debe abordarse su aprendizaje como una prioridad en el entrenamiento.

La actitud dinámica está formada por tres elementos:

1) **La actitud del jugador en la mesa**, su "saber estar" en la mesa, debe ser de activación para estar preparado para la acción, poder moverse rápido y reaccionar adecuadamente, a la vez que relajado para no jugar demasiado fuerte, moverse en exceso, golpear la pelota demasiado duro, etc.

2) Una **postura corporal** durante el juego que permita que el jugador sea reactivo y pueda moverse rápidamente, a la vez que relajado, con precisión y con el mayor ahorro de energía posible.

Elementos importantes	*Errores frecuentes*
- Estar con el cuerpo "fuerte" o "compacto".	- Línea de hombro detrás de la pelvis.
- Estar "bajo" (piernas flexionadas) y con el peso hacia adelante.	- Falta de estabilidad del tronco (cuerpo poco compacto).
- Piernas separadas aproximadamente como la separación de los hombros o un poco más	- Apoyar los pies sobre los talones.
- Apoyo en el suelo por la parte delantera e interna del pie.	- Piernas rígidas o no flexionadas.
- Distribución equilibrada del peso corporal sobre las dos piernas.	- Piernas muy poco, o demasiado, separadas.
	- Peso corporal distribuido sobre una sola pierna.

3) La **movilidad** constante durante el juego. Los elementos importantes para la movilidad, además de una actitud activa y tener una buena postura corporal, son:

- Leer las trayectorias de la pelota correctamente y comprender el movimiento del cuerpo en el espacio.

- Hacer esfuerzo con las piernas para ir a "a por la pelota" con una actitud dinámica constante (posible solo si los golpes técnicos se hacen, y han sido aprendidos, asociados a la movilidad de las piernas).

- Ir a buscar la pelota hacia adelante (sin precipitarse); no esperar a que llegue.

- Evitar quedarse estático en un punto del espacio (o pegado a la mesa, o lejos, etc.).

- Recuperar la postura del cuerpo y la posición en la mesa entre golpes.

El paso lateral y el pivote:

El **paso lateral** es un desplazamiento lento, que se usa con mayor frecuencia lejos de la mesa cuando el jugador tiene tiempo y quiere mantenerse de frente a la mesa. Se trata de desplazarse haciendo la acción de "andar" pero lateralmente (transfiriendo el peso de un pie al otro alternativamente avanzando hacia un costado).

Este desplazamiento puede ser interesante de enseñar durante la iniciación ya que es el más sencillo de realizar (a diferencia del paso cruzado, las adaptaciones u otros), y además nos sirve como base para que el jugador pronto pueda entrenar mejor y desarrollar su técnica.

La acción de **pivotar** es colocar los pies para poder jugar de derecha desde la zona del revés, tocando la pelota al lado derecho del cuerpo (para un diestro). Este desplazamiento tiene un interés grande en la iniciación, ya que obligará al jugador a mantener una actitud dinámica durante el juego, y supondrá un elemento que estimule el pensamiento táctico (decidir si pivotar o no, observar si el otro pivota, etc.).

Objetivo: Saber construir un intercambio de golpes		
Conceptos	**Procedimientos**	**Actitudes**
Conocimiento del concepto de intercambio de golpes.	Poder devolver la pelota al campo contrario para poder mantener un intercambio de golpes largo.	Concentración y paciencia.
Conocer y diferenciar el lado de derecha y revés.	Llevar la punta de la pala al lado para luego acompañar y producir una acción determinada como elemento inicial en la derecha y revés.	Concentración y paciencia.
Conocer la diferencia entre trayectoria curva y tensa	Saber producir diferentes trayectorias. Saber jugar en diferentes momentos de la trayectoria.	Concentración y paciencia.
Entender que la zona de derecha y revés depende tanto de la mesa como de la posición del cuerpo en ella.	Diferenciar una pelota que viene a la zona de derecha de una a la de revés.	Activación.
Utilizar la herramienta de 0 a 10 para describir la velocidad de lleva la pelota.	Poder mantener el ritmo de los golpes a una velocidad marcada durante intercambio.	Concentración y paciencia.

Derecha y revés: técnica para la iniciación

En la iniciación, la enseñanza de la técnica no debe ser el habitual trabajo de enseñar todos los golpes: el debutante tiene otros objetivos de aprendizaje. La enseñanza de toda la técnica se hará en la primera fase de la tecnificación, una vez se hayan superado los diferentes objetivos de la iniciación. Sin embargo, hay algunos elementos técnicos esenciales a enseñar durante la iniciación que van a permitir tanto el trabajo relacionado con el juego de oposición, como crear una base para el futuro aprendizaje técnico.

<u>Golpe de derecha:</u>

Elementos importantes	*Errores frecuentes*
- Mantener la pala arriba (nivel de la mesa) en todo momento. - Dirigir la punta de la cabeza de la pala hacia el lado (derecho para un diestro) para preparar el golpe, y así poder tocar la pelota al lado del cuerpo (lado derecho para un diestro). - Acercar la pala a la pelota, sin acelerar (relajadamente), para tocarla en un lugar específico y de forma precisa. - Hacer el contacto con la pala paralela a la red y perpendicular al suelo. - Durante el contacto, buscaremos acompañar la pelota en la dirección buscada, usando el antebrazo, la mano, y la rotación de la cintura.	- Tocar pelota demasiado cerca del cuerpo. - Tener el codo pegado al cuerpo. - Empezar el gesto con la pala detrás del cuerpo. - No usar todo el cuerpo para el golpeo (movimiento de pies, rotación de la cintura, etc.). - La cabeza de la raqueta termina demasiado alta o hacia la parte izquierda del cuerpo. - Tocar la pelota detrás del cuerpo o al comienzo del movimiento. - No esperar a que la pelota haya llegado. - Jugar demasiado fuerte o demasiado flojo (acelerar demasiado o demasiado poco).

Golpe de revés:

Elementos importantes	Errores frecuentes
- Mantener la pala arriba (nivel de la mesa) en todo momento. - Dirigir la punta de la cabeza de la pala hacia el lado (izquierdo para un diestro) para preparar el golpe, con el codo separado del cuerpo, y la mano alineada con codo y antebrazo. - Acercar la pala a la pelota, sin acelerar (relajadamente), para tocarla en un lugar específico y de forma precisa. - Tocar la pelota delante del cuerpo. - Hacer el contacto con la pala paralela a la red y perpendicular al suelo. - Acelerar con la mano y antebrazo para acompañar justo antes y durante el contacto, en la dirección a la que se quiera jugar. - La pala mantiene la misma línea durante su movimiento, sin cambios en la apertura o ángulo de la raqueta.	- No tener las piernas paralelas a la línea de fondo de la mesa. - Tocar la pelota demasiado cerca o demasiado lejos del cuerpo. - No acelerar ni acompañar. - Jugar demasiado fuerte. - Extender el brazo hacia adelante o hacer el golpe con el hombro. - Rotar la muñeca al golpear la pelota (tipo "sacacorchos").

En general, la técnica que el jugador debe adquirir en la iniciación es una **técnica de derecha y revés simple y sencilla**, por lo que una de las prioridades es que el entrenador **elimine los movimientos parásitos** que pueda detectar. Los movimientos parásitos son todos los gestos o movimientos innecesarios que el jugador hace (con el cuerpo, hombros, brazo o la mano).

Dosificar la aceleración:

A menudo, vemos que los debutantes son "binarios" en cuanto a la aceleración que imprimen sobre la pelota: juegan o muy fuerte o muy flojo. Es por ello que uno de los elementos sobre los cuales el entrenador de iniciación debe intervenir es la dosificación de la fuerza que el jugador imprime sobre la pelota, para que sepa ajustarse y pueda usar todos los posibles matices entre un acción mínima y máxima.

Para ello, puede ser una buena herramienta identificar la "fuerza de los golpes" usando una escala del 0 al 10, en vez de decir "fuerte" y "flojo". De este modo, el jugador aprenderá a valorar los matices de la fuerza con la que ha jugado y medir sus consecuencias, mientras que al entrenador le será más fácil corregir o pedir una acción determinada.

Diferenciar la zona de derecha de la de revés:

Otra de las prioridades técnicas en la iniciación es que el jugador pueda diferenciar correctamente si la pelota viene a la zona de la derecha o al revés. Esto puede acarrear problemas de base importantes más adelante si no se trabaja correctamente durante esta etapa.

Para ello, será necesario:

- Trabajar el mismo tiempo el golpe de derecha y revés, sin priorizar uno sobre el otro. Si no hay un equilibrio entre ambos lados, el jugador tendrá tendencia a jugar siempre un tipo de golpe (por ejemplo, tocando la pelota con el lado de derecha en la zona de juego de revés situada delante del cuerpo). Un jugador puede tener un golpe fuerte, pero una buena técnica de base es aquella que no limitará su futuro progreso.

- Mantener la pala en posición neutra entre golpes (pala sobre el nivel de la mesa, delante del jugador -como dando la mano a alguien-), para que la reacción a un lado u otro sea óptima.

Resumen:

El jugador debe confiar, y sentirse cómodo, con sus golpes básicos de derecha y de revés para poder progresar y sentar unas buenas bases. Para ello, es necesario que encuentre rápidamente su zona de habilidad para cada golpe (el espacio en el que el jugador toca la pelota con la máxima precisión en el momento correcto). Si el jugador descubre su zona de habilidad, mejorará rápidamente su juego y, en gran medida, su confianza a la hora de jugar. Esta zona de habilidad es específica para cada persona, y puede ser una función de la morfología, sensaciones, etc.

En resumen, para el golpe de derecha y revés, que forma parte de la técnica básica a enseñar durante la iniciación, el jugador debe adquirir una técnica simple, sencilla y eficaz. Esto requiere:

- mantener una empuñadura eficiente y relajada,

- la pala arriba entre golpe y golpe,

- llevar la punta de la pala al costado para preparar el golpe,

- tocar la pelota dentro de la zona de habilidad (al lado del cuerpo para la derecha y delante para el revés),

- saber tocar la pelota dentro de la zona de habilidad jugando en diferentes momentos de la trayectoria de la pelota, así como estando en diferentes distancias de la mesa,

- acompañar sin jugar demasiado fuerte o flojo (dosificar la aceleración para producir una acción adecuada a cada situación), y

- eliminar todos los movimientos parásitos.

Objetivo: Introducción a los efectos		
Conceptos	Procedimientos	Actitudes
Conocer los diferentes efectos	Poder identificar un efecto recibido a partir del rebote que hace la pelota al contactar con su pala.	Interés y experimentación.
Conocer las nociones de rozar, tocar fino y acelerar como elementos para producir efecto.	Saber producir efecto fuera de la mesa.	Concentración en la sensación corporal

4.3.3. El eje 3: Establecer la relación con el juego de oposición

El deporte de oposición requiere jugar con una intención y adaptación al rival. En la iniciación, es interesante que se adquiera este "jugar con intención", ya que lo consideramos como la base sobre la cual podremos, en futuras etapas, trabajar la conciencia táctica e individualizar el plan estratégico del jugador.

¿Cómo desarrollar la intención en el juego?

- Hacer descubrir el juego de oposición de forma paralela al aprendizaje de los elementos técnicos necesarios. *En todos los casos, aun sin priorizar sobre la técnica, se debe tener cuidado de eliminar los movimientos parasitarios de los golpes.*

- El jugador comienza a plantear pequeños problemas al oponente (el servicio suele ser el detonante para comenzar el pensamientos táctico o juego con intención).

- Empezar a resolver los problemas planteados por el oponente (adaptación).

Objetivo: Desarrollar la competitividad		
Conceptos	Procedimientos	Actitudes
Entender una dificultad como una oportunidad.	Poder superar y participar activamente en los retos propuestos.	Resiliencia y auto-superación. Gestionar la frustración.
Conocer las consecuencias de una situación estresante.	Poder superar satisfactoriamente las situaciones estresantes.	Control emocional. Gestionar la frustración.

La combatividad
La combatividad es una cualidad del jugador de tenis de mesa que puede empezarse a desarrollar durante la iniciación. ¿Cómo trabajarla? - Requisito previo: Mentalidad de "el otro es un **oponente** y yo juego y lucho todos los puntos". - Aprender a través del juego → jugar ayuda a **disfrutar del esfuerzo** hecho. - Aprender a enfrentar **desafíos** para luego disfrutar de la competición. - Empezar a gestionar **situaciones estresantes**.

Objetivo: Saber contar los puntos durante el juego y arbitrar		
Conceptos	Procedimientos	Actitudes
La normativa del servicio en el tenis de mesa.	Coordinar los movimientos de las manos, la pala y la pelota para poder realizar un servicio reglamentario.	Tenacidad y concentración.
Conocer las reglas de juego básicas del tenis de mesa que permiten el desarrollo del partido, así como ganar/perder el punto.	Poder jugar contando los puntos correctamente siguiendo el reglamento. Poder arbitrar un partido.	*Fair play.* Jugar atento al marcador y a las reglas del juego.

Objetivo: Utilizar la velocidad para ganar el punto		
Conceptos	Procedimientos	Actitudes
Conocer la diferencia entre jugar rápido y jugar fuerte.	Saber jugar rápido sin jugar fuerte.	Precisión y concentración.
Conocer el concepto de cambio de ritmo y sus beneficios tácticos.	Durante el punto, saber variar el ritmo y velocidad del juego.	El compañero es un rival. Buscar soluciones y alternativas.

Objetivo: Utilizar la colocación de la pelota para ganar el punto		
Conceptos	Procedimientos	Actitudes
Conocer el servicio rápido colocado como elemento principal en el desarrollo de la táctica para molestar al rival.	Saber efectuar un servicio largo colocado y seguir el punto aprovechando la ventaja de la colocación del servicio.	El compañero es un rival. Buscar soluciones y alternativas.
Conocer las diferentes colocaciones en la mesa contraria	Puntería y dosificación de la fuerza para jugar corto y largo, así como a las esquinas, para generar problemas al rival.	El compañero es un rival. Buscar soluciones y alternativas.
Conocer las diferentes direcciones diagonal, paralelo, diagonal pequeña y dirección al codo.	Ser capaz de producir diferentes direcciones con precisión, para generar problemas al rival.	El compañero es un rival. Buscar soluciones y alternativas.

El servicio

El servicio es uno de los golpes más ricos en el tenis de mesa, tanto por la variedad de técnicas que hay como por sus opciones tácticas. Además, es un elemento fundamental para introducir la táctica y a jugar con intención, por medio de descubrir cómo molestar al otro con el servicio rápido colocado.

Para poder realizar un servicio rápido, hay tres elementos que el entrenador de iniciación debe conocer:

- El reglamento de juego que regula el servicio. Es importante enseñar, desde el primer día, a realizar un servicio **reglamentario**.

- Controlar el **primer bote en función de la velocidad dada a la pelota**: en el servicio rápido, al darle velocidad a la pelota, la distancia entre el primer bote y el segundo será "grande", por lo que el entrenador debe observar que el jugador controle el lugar donde bota la pelota en su campo propio: en el caso del servicio rápido, este será cerca de la línea de fondo (si se hace botar a mitad de la mesa o cerca de la red, la pelota irá fuera).

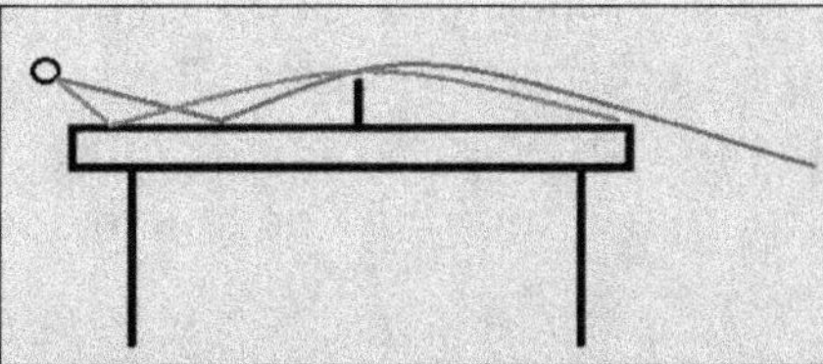

Por este mismo motivo, en el servicio que no damos velocidad a la pelota, como por ejemplo el servicio corto "lento", el primer bote deberá darse cerca de la red.

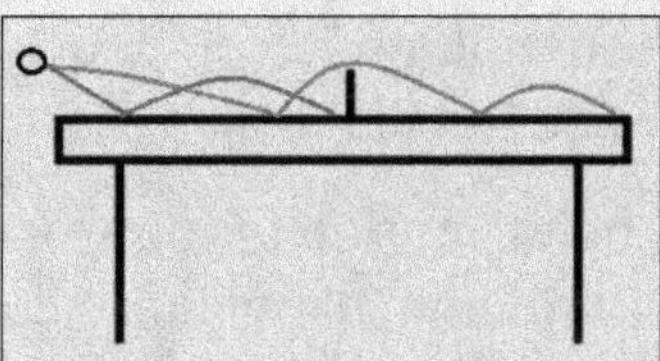

- **Altura** del contacto: La trayectoria de la pelota en el servicio formará una curva más o menos alta en función de la altura en la que ejecutamos el servicio. Cuanto más alto toquemos la pelota, más alta será la punta de la curva.

En general, buscaremos servicios en los que la pelota pase lo más cerca de la red posible (curva baja).

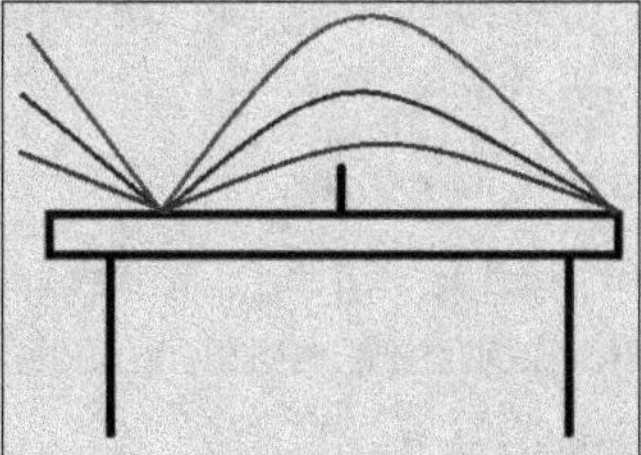

Además, la altura de la curva dependerá también de la "fuerza" con la que hacemos golpear la pelota en el eje vertical según anuncia la Tercera Ley de Newton, también conocida como Principio de acción y reacción, que dice que si un cuerpo A (pelota) ejerce una acción (fuerza del bote el en plano vertical) sobre otro cuerpo B (mesa), éste realiza sobre A otra acción igual y de sentido contrario".

4.3.4. Aspectos específicos para la iniciación con practicantes de 4 a 7 años

Si bien es cierto que el tenis de mesa forma parte de los deportes que requieren un aprendizaje precoz si se quiere llevar a los jugadores al alto nivel, el inicio a más tempranas edades tiene un objetivo principal: fidelizar a estos nuevos practicantes, y tenerlos "enganchados" a nuestro deporte antes que lo hagan otros.

Nuestro deporte puede ser practicado por niños y niñas de cuatro o cinco años. Para poder trabajar con estas edades, será muy importante mantener en todo momento el principio de "aprender mientras se divierten", omitir en un primer momento la competición reglada, y abordando algunos puntos de los ejes de trabajo de la iniciación.

De entre todos los objetivos que forman los ejes de trabajo de la iniciación presentados anteriormente, hay algunos que pueden ser trabajados en estas edades, como por ejemplo:

- Crear un vínculo con el deporte, el club, el entrenador y los compañeros.
- El servicio.
- La actitud dinámica.
- Saber "dosificar" la fuerza dada y la puntería.
- Jugar de derecha y de revés.
- Las reglas del juego y el *fair play*.

El desarrollo motor de cada niño o niña es diferente, por lo que siempre debemos adaptar los juegos de enseñanza al nivel de cada jugador para desarrollar los objetivos buscados.

En cuanto a la organización de las sesiones, debemos tener en cuenta que el tiempo de concentración de los más jóvenes es muy corto, por lo que las sesiones de entrenamiento aconsejadas son de 45 minutos o máximo una hora, e idealmente con un máximo de 6 niños para poder ayudar a todos los practicantes. En este sentido, una buena práctica puede ser animar a los familiares a participar durante el entrenamiento y que ayuden como "monitores" durante la sesión.

Los juegos propuestos deben cumplir un objetivo específico, que sea muy fácil de evaluar tanto por parte del entrenador como del practicante. Puede ser muy interesante un enfoque educativo basado en la autoevaluación, que ayude a que desarrollen su propia motivación e interés por el juego, por medio de la diversión y haciendo que quieran saber cómo hacer cada vez más cosas con la pelota y la pala.

Para poder crear juegos divertidos, será importante tener materiales diversos disponibles. Algunos ejemplos podrían ser cestas de pelotas, pelotas de diferentes tipos, colores y tamaños, tiza para marcar zonas, elementos que puedan servir para hacer puntería, aros, cuerdas, globos, vallas, volantes de bádminton, etc. La lista de materiales disponibles es interminable. Todo es cuestión de la creatividad del entrenador para idear nuevos juegos y crear su propio material. Además, se pueden usar otros materiales o juegos para actividades que no sean de tenis de mesa (especialmente para el último juego de la sesión, a modo de regreso a la calma), como por ejemplo dibujar, bailar, practicar juegos de yoga para niños, etc.

Otro aspecto muy importante es la forma de comunicarse con los niños y niñas de estas edades. El lenguaje debe adaptarse a sus edades, usando un lenguaje simple, evitando palabras técnicas que no entiendan, usando imágenes en las explicaciones que permitan imaginar fácilmente, y convertir las actividades en un juego imaginando una situación (por ejemplo, podemos hacer un juego diciendo que las pelotas que ruedan sobre la mesa son coches y que debemos lograr que pasen por debajo de un puente sin chocar...).

Finalmente, otro aspecto fundamental son las familias. Como ya hemos dicho anteriormente, podemos pedir que participen durante la sesión; de este modo, recibimos ayuda y les implicamos y vinculamos con la actividad. Para ello es muy importante la acogida de las nuevas familias, y dedicarles tiempo durante los primeros días. Ellos son muy importantes en nuestro enfoque educativo, ya que es casi imposible que salga bien sin su participación.

4.3.5. *Los objetivos con un grupo de iniciación con adultos*

Uno de los puntos importantes para que el tenis de mesa y los clubes puedan crecer, es aumentar el número de practicantes. En este sentido, una buena práctica es introducir y atender a otros perfiles de gente practicante más allá del de los jóvenes o los federados.

En la sociedad actual se practica cada vez más deporte como una parte del ocio. Los clubes tienen una oportunidad de aumentar su masa social con nuevos socios entre el público de jugadores adultos no competidores, que quieren aprender a jugar, hacer deporte y pasar un rato divertido de desconexión.

Las relaciones sociales son un objetivo del entrenador con este perfil de jugadores. Serán muy interesantes todas las actividades que fomenten que estos practicantes se integren a la vida del club, más allá de su horario de entrenamientos. Por lo tanto, todos los contenidos sociales tienen un peso muy importante. ¿Organizar, por ejemplo, una cena de Navidad? ¿Torneo de aficionados no federados?

El contenido del entrenamiento con adultos tiene en los objetivos sociales y de "desconexión" un factor importante, pero a diferencia del entrenamiento con niños y niñas, el contenido técnico es mucho más variable y relativo. En el Capítulo 10 se profundizará más sobre cómo atender a este perfil de jugadores.

BLOQUE 2

EL PROCESO DE ENSEÑANZA – APRENDIJAZE EN LA INICIACIÓN

Capítulo 5
EL CONTEXTO DE APRENDIZAJE

David Soler

"La fuerza de la manada es el lobo, y la fuerza del lobo es la manada"
El libro de la Selva

5.1 OBJETIVOS DEL MÓDULO

- Comprender el papel del contexto de aprendizaje dentro del proceso de enseñanza del tenis de mesa.

- Conocer los elementos que forman el contexto de aprendizaje.

- Comprender el proceso de desarrollo del jugador de tenis de mesa como resultado tanto de sus características individuales como del contexto de aprendizaje.

5.2. EL CONTEXTO DE APRENDIZAJE

En los siguientes capítulos se analizará el proceso de enseñanza - aprendizaje desde varias perspectivas, y veremos que se aprende a jugar no únicamente en los entrenamientos. La única fuente de aprendizaje del jugador no es el entrenador, sino todo su contexto de aprendizaje. Como podemos ver en Martín-Barrero (2019), este contexto tiene diferentes partes que "proporcionan enseñanza": la tradición del lugar, entrenador, factores sociales y familiares, estructura del club, recursos e instalaciones, compañeros de entrenamiento, la competición y los elementos metodológicos del entrenamiento.

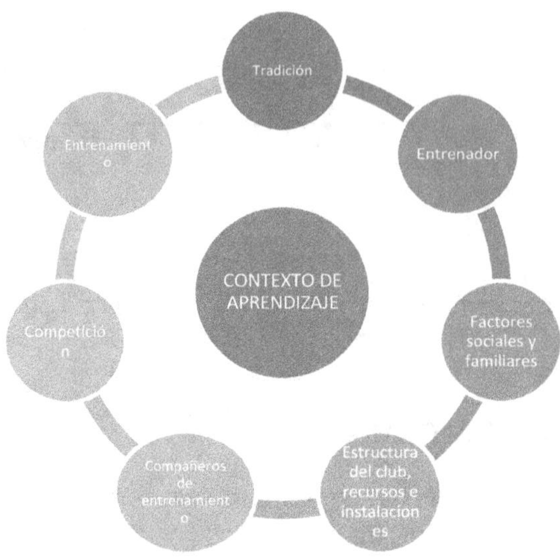

Adaptado de Martín-Barrero (2019)

El aprendizaje de un jugador es el resultado de todo lo aprendido de su contexto particular. Todos los elementos contextuales deben ir lo mejor coordinados posible; el buen entrenador debe intervenir o atender, en la medida de sus posibilidades, sobre estos. Su labor no será solamente enseñar la técnica y táctica, sino buscar que el contexto de cada jugador sea lo más favorable y garantice la mayor calidad de enseñanza. Por ejemplo, las instalaciones y materiales son un elemento más del contexto de aprendizaje de los jugadores, por lo que el entrenador que trabaja para tener mejores instalaciones, mesas suficientes o más franjas horarias disponibles, está trabajando para que el contexto de aprendizaje de sus jugadores sea mejor, lo que repercutirá en un proceso de enseñanza – aprendizaje de más calidad.

Cuando hablamos de la estructura del club, hacemos referencia a la fortaleza de la directiva, a la capacidad de buscar y generar recursos, al trabajo en equipo, a la calidad y eficacia del trabajo de la dirección técnica, etc. Todas estas variables son muy importantes para la formación del jugador, y aunque es importante que sean tenidas en cuenta, no serán tratadas en este libro al no ser competencias directas del entrenador de iniciación.

Por otra parte, la tradición del club y de la zona geográfica es otra variable importante dentro del contexto de aprendizaje. Para mostrarlo, podemos ver dos casos extremos: no es lo mismo que un niño se inicie en un club que ha tenido grandes campeones en un país como Francia, Suecia o Alemania, que uno que se apunta a una escuela de un club nuevo, en una zona en la que no ha habido mucha historia con el tenis de mesa. En ambos casos, aunque el entrenador, la sala y los compañeros fuesen los mismos, difícilmente el resultado sería igual.

¿Por qué es importante la tradición y la historia? Ambas se traducen en una **cultura de club** determinada, que marca aquellos valores, normas, creencias, guías, conocimientos y saberes compartidos por sus integrantes (Gálvez & Tirado, 2016). Sin entrar a reflexionar sobre ello, podemos entender esta cultura de club como una fuente de aprendizaje, y que, en función de un club u otro, puede estar más orientada al *hobby*, a la "seriedad", al alto nivel, a las relaciones sociales, a la competición de veteranos, etc.

Una reflexión: ¿El entrenador debe adaptarse a la cultura del club en el que trabaja? ¿O debe intentar cambiarla? Que cada lector llegue a sus conclusiones...

Sobre los demás elementos del contexto de aprendizaje (entrenador, compañeros de entrenamiento, entrenamiento, competiciones y las familias), profundizaremos más adelante en siguientes capítulos.

En el desarrollo del jugador, todo lo que aprende (y lo que no aprende), ya sea positivo o negativo, es el resultado de un proceso que se da en un contexto de aprendizaje determinado. Se aprende a "jugar y a ser jugador" no solo entrenando, sino en interacción con todas las partes del contexto particular de cada persona.

El jugador está dentro de un contexto, pero este mismo contexto está también dentro del jugador.

5.3. EL DESARROLLO DEL JUGADOR

El jugador va desarrollándose a partir tanto de las interacciones que tiene en su contexto de aprendizaje, como también en función de sus características individuales (genética, talento, cuerpo, precocidad, horas de práctica de calidad, experiencias motrices y cognitivas previas, motivación, carácter, actitud, etc.).

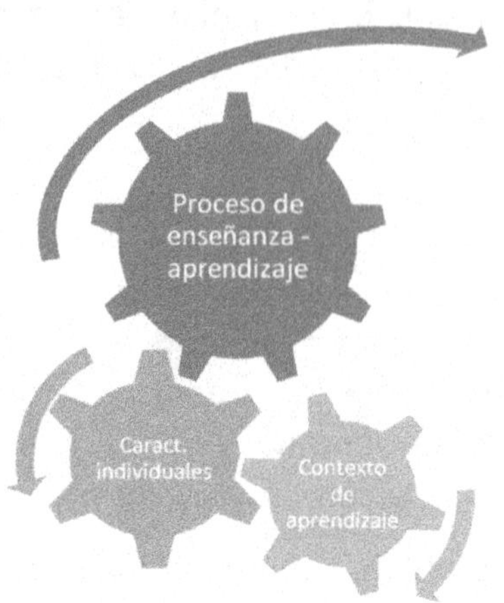

Para conocer la influencia que tiene el contexto de aprendizaje en el desarrollo del jugador, por ejemplo podemos preguntándonos sobre la importancia de la tradición familiar en el desarrollo de un jugador. ¿Cuántos jugadores del más alto nivel tienen padres o hermanos que fueron jugadores o entrenadores? Tener tradición familiar no es algo que determine por completo el futuro de un jugador, pero es un *plus* que facilita muchas cosas: empezar antes, entrenar los días adecuados, muchas más horas de juego libre en casa, el aprendizaje por imitación, la cultura deportiva familiar, los contactos, etc.

Como la iniciación no tiene por objetivo (y sería contraproducente) abordar temas como la detección del talento, el rendimiento, o la especialización, en esta obra no nos centraremos en las características individuales del jugador (que sí serán aspectos importantes tanto en la tecnificación como en el alto rendimiento). A continuación, iremos analizando en los siguientes capítulos los elementos del contexto de enseñanza típicos en la iniciación al tenis de mesa, que son los responsables de lograr que, entre otros objetivos, el jugador se "enamore" del tenis de mesa y sentar las bases para el futuro desarrollo de los talentos de los practicantes. El contexto de aprendizaje de cada jugador no es estático ni fijo para siempre; en todas las situaciones los entrenadores podemos hacer cosas para avanzar, ayudar a los deportistas y mejorar. Como dijo Shakespeare, "el destino reparte las cartas, pero tú eres quien las juega".

5.4. RESUMEN DEL CAPÍTULO

- El jugador aprende de todos los elementos que forman su contexto de aprendizaje: la tradición del lugar, del entrenador, factores sociales y familiares, estructura del club, instalaciones y materiales (mesas, pelotas…), compañeros de entrenamiento, la competición y los elementos metodológicos del entrenamiento.
- La cultura del club son los valores, normas, creencias, guías, conocimientos y saberes compartidos por sus integrantes.
- El mejor aprendizaje se dará cuando todas las partes del contexto estén lo mejor coordinadas entre ellas, y lo mejor alineadas posible a los objetivos planteados.
- El entrenador puede liderar esta coordinación de todas las partes del contexto.
- El desarrollo y evolución del jugador viene tanto de sus características individuales (características físicas, precocidad, talento, actitudes, etc.), así como factores externos (contexto de aprendizaje).

5.5. REFERENCIAS

Gálvez, A. & Tirado, F. (2016). Cultura i ètica en les organitzacions. A A. Gálvez, F. Tirado & E. Baleriola. Psicologia de les organitzacions. Barcelona: FUOC

Martín-Barrero A. (2019). El proceso de enseñanza-aprendizaje en el fútbol. Sevilla: Wanceulen

CAPÍTULO **6**
EL ENTRENADOR (PARTE 1): ACOMPAÑAR AL JUGADOR DEBUTANTE

David Soler

"Lo que el maestro es, es más importante que lo que enseña"
Karl A. Menninger

6.1. OBJETIVOS DEL MÓDULO

- Comprender el papel del entrenador de iniciación en el proceso de aprendizaje del jugador.
- Analizar la relación entrenador jugador.
- Profundizar sobre el concepto de acompañar, y su implicación al trabajo del entrenador en general, y en la iniciación en particular.
- Comprender la importancia de las emociones en el proceso de enseñanza.

6.2. INTRODUCCIÓN

Testimonio de un caso real:

No recuerdo muy bien cuándo empecé a jugar pingpong de forma más o menos habitual, creo que tendría unos 12 o 13 años, mi padre nos construyó una mesa con un tablón de conglomerado que pintamos de verde. Empezamos a pasar muchas horas jugando con amigos, de manera totalmente autodidacta y cada uno con su estilo particular.

No mucho tiempo después, uno de los amigos con los que jugábamos me explicó que los jugadores chinos, que según él decía eran los mejores, cogen la pala de una forma distinta a la que lo hacemos en el resto del mundo. Empecé a tomar la pala de esa manera y a jugar con ese estilo particular, diferente (en plena adolescencia eso siempre era un valor añadido) y que a medio plazo resultó ser muy efectivo.

Pasé muchas horas jugando, recuerdo que hacíamos partidas a 100 puntos y cada vez me lo pasaba mejor, probaba cosas nuevas y pronto fui el mejor de todas las personas con las que jugaba habitualmente, de hecho a los 16 o 17 años gané el torneo de mi pueblo, creo que éramos unos 20 o 30 participantes y gané la final (que yo recuerdo épica) a un chico zurdo 4 o 5 años mayor que yo.

Al año siguiente, con uno de mis amigos decidimos apuntarnos a un torneo que hacían en la capital de la comarca. La experiencia no fue como yo imaginaba, en mi pueblo ganaba con mucha facilidad a casi todos y la verdad es que deposité bastantes expectativas en ese torneo, pero no solo no gané, sino que además perdí contra personas de un nivel similar al mío y me di cuenta que había gente que jugaba a otra cosa y con la que no tenía absolutamente ninguna oportunidad de competir.

Muchos años más tarde, mi hijo de 11 años decidió dejar de jugar a futbol y empezó a jugar al tenis de mesa. La evolución fue rápida pero durante los primeros meses todavía le ganaba con facilidad. Decidimos cambiar el viejo tablón de madera verde por una mesa más adecuada, y con el paso del tiempo cada vez fue más difícil ganarle. Me di cuenta de que él también empezó a jugar a otra cosa.

Al año siguiente decidí apuntarme a las clases de adultos de la misma escuela a la que asistía mi hijo, con la esperanza de mejorar mi juego, perfeccionar la técnica, aprender cosas que nunca supe hacer y sobretodo volver a pasármelo bien. Así que asistí a mi primera clase con la mayor de las ilusiones y también con un poco de miedo.

Llegué un poco antes de la hora. Esperaba que el entrenador que iba a acompañarme en mi reencuentro con este deporte me hiciera algunas preguntas. Estaba preparado para explicarle que me sentía muy cómodo jugando con mi presa asiática (todavía seguía sin saber que se llamaba así), pero que tenía muchas ganas de aprender a hacer revés, que mi intención no era competir, quería evolucionar mi juego con lo que ya sabía, aprender a sacar y mejorar mi derecha (que yo creía buena), pero nada de eso pasó y al cabo de pocos minutos de entrar me encontré calentando con una persona a la que no conocía de nada.

Empezamos haciendo derecha, más o menos todo iba sobre lo esperado, pero me sentía incómodo por no haber podido trasladar mis motivaciones al entrenador y no disfruté del momento temiendo que llegaría la hora de pasar al revés. Nunca aprendí a jugar de revés, lo hacía con la misma goma con la que jugaba de derecha y giraba casi 180 grados la muñeca, para, muy de vez en cuando, dar ese golpe, y evidentemente ese movimiento no pasó desapercibido y muy poco después el entrenador paró la clase e hizo una breve intervención sobre los distintos tipos de empuñadura (ahí es cuando descubrí que la que yo utilizaba era la asiática) y acto seguido, me propuso que cogiera la pala con la empuñadura europea. Todas mis expectativas se vinieron abajo, no solo nadie se había preocupado de preguntarme cuales eran mis motivaciones, sino que en poco más de 15 minutos de clase todo el mundo fue partícipe de mis flaquezas.

A pesar de que no me gustaba la idea y me había prometido a mí mismo que la única cosa que no era negociable en mi nueva aventura era mi empuñadura, accedí a la propuesta y ahí empezó mi pequeño calvario personal con este deporte. Para mi jugar con la presa europea era como si estuviera jugando con la mano izquierda, nunca antes había cogido la pala de esa manera y evidentemente no di una. Llegué a casa enfadado, triste, enrabiado... le dije a mis hijos y a mi mujer que no volvería a clase a la semana siguiente.

Llegó el día de la siguiente clase, decidí darme una nueva oportunidad, volví a llegar antes, de nuevo con la esperanza de que esta vez sí, mi entrenador me preguntara como me había sentido en mi primera clase, como veía el cambio de presa, si me sentía cómodo y sobretodo tenía la vana esperanza que me dijera que no me preocupara, que si sentía que lo que sabía hasta ese momento no servía de nada, no era así, que con el tiempo encontraríamos la manera de aprovechar mis años en la mesa de casa e introducir poco a poco cambios en mi juego para mejorar mis debilidades y potenciar mis puntos fuertes. De nuevo, no fue así y cuando pensaba que la cosa no podía ir a peor, mi entrenador decidió que mi juego era defensivo (en ese momento no jugaba a nada, intentaba sobrevivir a mi nueva amiga, la presa europea) y pensó, sin preguntarme previamente, que sería una buena idea que me pusiera picos. Yo no sabía de lo que me estaba hablando, sabía que había gomas con picos, pero no era consciente de cómo condicionaban el juego. Así que, casi sin darme cuenta y evidentemente sin yo quererlo, empecé a jugar con ellos.

Pasaron algunas semanas y mi derecha empezó a mejorar y muy poco a poco, empecé a entender cómo utilizar los picos, pero nunca me había aburrido tanto jugando. Mi entrenador decía que había grandes jugadores que habían llegado lejos jugando con picos, que era más fácil ganar partidos, pero yo, ni me lo pasaba bien, ni ganaba partidos, de hecho los perdía y los sigo perdiendo casi todos.

Hace unos meses decidí unilateralmente abandonar los picos y ponerme una goma lisa con la intención de recuperar la ilusión y aprender a jugar de revés. Todavía estoy en ello, no he aprendido bien la técnica, ni tengo la sensación de que me hayan acompañado en este cambio, de hecho, tengo la

> *sensación de que no se ha respetado mi individualidad. A menudo se incorporan nuevas personas al grupo, pero la mayoría no vuelven a la siguiente clase o desaparecen después de dos o tres intentos. No puedo reprochárselo porqué después de cada clase siempre pienso que no volveré a la siguiente y eso es lo que más me molesta, porque me encanta este deporte y quiero volver a divertirme jugando.*

Gracias a miles de años de evolución, los humanos tenemos un cerebro diseñado para el aprendizaje, que aprende más y mejor cuando hacemos algo que nos gusta y podemos depositar nuestras expectativas en una actividad que nos apasione. Los niños, adolescentes o adultos se apuntan a un club para aprender a jugar tal vez con un poco de vergüenza inicial, miedo, inseguridad, etc., y es normal, pero sobretodo tienen ilusión por descubrir el tenis de mesa, conocer gente nueva y muchas ganas de jugar. Pero después de un tiempo, algunos lo dejan, otros se desmotivan, la competición se vuelve traumática o empiezan a faltar a los entrenamientos. ¿Qué ha pasado aquí?

El cerebro se desconecta a causa de la ansiedad. Cuando nos encontramos en una situación estresante, el cuerpo se llena de adrenalina y hormonas del estrés, las cuales interfieren con el aprendizaje y la posibilidad de poder disfrutar (Cozolino, 2019). ¿Dónde nos colocamos los entrenadores? ¿En una lugar seguro que ayude al jugador a calmarse, o incrementamos su estrés con nuestras *praxis?*

El debutante, que tanta ilusión tiene al comienzo, necesita que sus primeras experiencias sean positivas si queremos lograr el gran reto del entrenador de iniciación: que se enamoren del tenis de mesa. Para que surja el amor se requiere de varios ingredientes como los compañeros, el entrenamiento, las familias…, sin embargo, uno de los más importantes es la relación que se construye entre el entrenador y el jugador.

6.3. ¿CÓMO SOY COMO ENTRENADOR?

Como dijo Aristóteles, *"conocerse a sí mismo es el principio de toda sabiduría"*, y antes de seguir reflexionando sobre la misión y el oficio del entrenador, vamos a proponer una pequeña autoevaluación para conocer mejor nuestras ideas y prácticas. Rodea con un círculo la opción con la que estás de acuerdo. 1 punto: Nunca; 2 puntos: A veces; 3 puntos: Casi siempre; 4 puntos: Siempre.

Tabla de autoevaluación del entrenador, adaptado de Solana (2007).

	El entrenador de iniciación				
1	Presto atención personalizada a todos y cada uno de los jugadores al menos una vez por sesión	1	2	3	4
2	Si me doy cuenta de lo que el jugador está por preguntar, me espero y no me anticipo a contestarle sin terminar de escucharle	1	2	3	4
3	Si no comprendo lo que un jugador está diciendo, hago las preguntas necesarias hasta entenderlo	1	2	3	4
4	Si un jugador no puede decirme exactamente qué quiere de mí, sigo haciendo cosas para saberlo	1	2	3	4
5	Pregunto y escucho a los jugadores sobre las expectativas que tienen de su juego en particular, y en el tenis de mesa en general	1	2	3	4
6	Creo que todos los jugadores valen para el tenis de mesa	1	2	3	4
7	Creo que un entrenador de iniciación puede tener éxito a pesar de no tener resultados destacados en las competiciones	1	2	3	4
8	Me intereso por igual tanto por el jugador "talentoso" que por el que no lo es	1	2	3	4
9	Me intereso por los problemas del jugador tanto dentro como fuera del deporte	1	2	3	4
10	Creo que los jugadores, deportivamente, no son del entrenador	1	2	3	4

Suma los puntos que has logrado, de un total de 40 posibles... Ahora que sabemos algunas cosas sobre nuestras ideas y prácticas como entrenadores, a empecemos a hablar sobre el oficio del entrenador de iniciación.

6.4. LA INICIACIÓN, UN RECORRIDO QUE EL JUGADOR TRANSITA JUNTO AL ENTRENADOR

Hay muchas formas de recorrer juntos y superar los obstáculos, aunque como dice el psicólogo Louis Cozolino, *"somos mucho más inteligentes cuando nos relacionamos con personas que nos aceptan, nos respetan y nos animan"*. El jugador evolucionará más si se siente bien **acompañado** por el entrenador en esta etapa en la que empieza a crear su vínculo con el tenis de mesa, llegan las primeras competiciones, tiene sus primeros malos ratos porqué algo no le sale, aparecen los padres que presionan, etc.

Acompañar es dar la mano al jugador para que **él** vaya avanzando más o menos recto a lo largo de su recorrido por esta etapa de la iniciación. Acompañar es, pues, un vínculo, una relación.

En la iniciación, así como en las demás etapas de la formación de los jugadores, nunca existirán dos formas iguales de andar juntos. Para acompañar, el entrenador debe colocarse a la distancia precisa que cada jugador exige. Si te colocas a una distancia, a uno le puede parecer que estás invadiendo su terreno y le estas condicionando demasiado, mientras que otro puede sentir que te estás quedando corto en la relación que él espera. Un jugador puede sentirse mal al terminar un entrenamiento porque le hemos corregido demasiado, mientras que otro porque no se ha sentido corregido. Esto es parte del arte de entrenar... ver cuando un jugador necesita que le dejemos jugar a su aire o pide nuestra atención, adaptarnos en función de si estemos entrenando a adultos o niños, etc.

En el deporte los objetivos se logran, en gran parte, gracias a la conexión que exista entre el entrenador y el jugador. La influencia del entrenador va mucho más allá de enseñar mejor o peor la técnica o la táctica. Muchos de los problemas deportivos, así como las grandes historias de éxito, vienen por el tipo de relación que hay entre jugador y entrenador: a veces puede transformar e impulsar, y otras alejar y hundir. En el alto nivel español tenemos ejemplos muy conocidos en los cuales el vínculo entrenador deportista va más allá de una simple relación profesional: Mireia Belmonte y Fred Vergnoux, Toni y Rafael Nadal, Carolina Marín y Fernando Rivas, Nicolás García y Marco Carreira... Entrenadores que su relación con los deportistas ha construido un proyecto deportivo sólido lleno de éxito. Sin embargo, ¿puede haber éxito sin estos maravillosos resultados?

En la iniciación, los objetivos, retos y obstáculos que se encuentra el jugador debutante son muy diferentes a los que se dan en el alto nivel o en la tecnificación, y uno de los mayores errores que podemos hacer los entrenadores de iniciación es ser unidimensionales, mirar solamente el camino del alto nivel y juzgar si el jugador puede llegar o no. El buen entrenador debe tener mirada amplia y captar a quien tiene delante: conocer qué busca y necesita de nosotros.

6.4.1. El punto de partida

A diferencia del deporte de alto nivel, que no es para todo el mundo, la iniciación sí lo es. Cuando llega un nuevo jugador, el buen entrenador es el que sabe **acoger** bien sea cual sea el perfil del que aparece. El éxito en la iniciación no son los buenos resultados en una competición, sino tener la maestría para que todas las personas que quieren empezar a jugar, se sientan bien acogidas y deseen seguir en el deporte. ¿Se busca esto en todos los casos?

Demasiadas veces hemos escuchado y dicho esta terrible frase:

- *Este niño no escucha, molesta, no tiene talento, y no llegará a nada... pero debemos aguantarlo porqué es una cuota más.*

Los *niños-cuota* (o *adultos-cuota*) son el fracaso del entrenador de iniciación. Es verdad que con algunos nos puede ser muy fácil acoger de forma espontánea, mientras que con otros nos sea casi imposible; en estos casos el objetivo será un cambio de actitud del entrenador que permita acoger de forma incondicional a todo el mundo. Para generar el cambio y poder actuar con una actitud positiva hacia todos, es importante encontrar motivos que nos ayuden, como por ejemplo pensando que *"un buen entrenado de iniciación es el que consigue crear un grupo de jugadores y jugadoras unidos y motivados"*, que *"los jugadores son los que dan sentido a mi labor ya que sin ellos mi trabajo no existiría"*, o que *"mi misión es poder enganchar a todos para el tenis de mesa"*.

El cambio de actitud del entrenador es el objetivo para poder acoger a los que no nos sale de forma espontánea, pero cuando no nos sea posible, o aún no lo hemos logrado, en estos casos debemos simularlo y tener mano izquierda para que no lo noten ni lo sepan nunca. Debemos aprender a ser un poco actores, para que cuando lleguen a su casa sepan que han sido importantes para nosotros. Sentirse bien acogido es fundamental para quien empieza una nueva aventura en el tenis de mesa, pero sobretodo para construir una relación entrenador jugador que permita andar juntos durante la etapa de la iniciación.

6.4.2. El recorrido

Durante la iniciación irán pasando situaciones diversas, y el jugador necesitará de nosotros para poder ir alcanzando sus primeras metas y superar los problemas con los que se vaya encontrando, que serán diferente para cada uno: estar frustrado por culpa de su derecha que no le sale, no haber ganado ningún partido en su primera competición, que hay un niño del grupo de entrenamiento que se ríe de él, que el entrenador me hace jugar de una forma que yo no quiero, dos hermanos que no quieren entrenar juntos, el que se aburre y nos boicotea la sesión... Cada recorrido personal tiene unos obstáculos a superar diferentes.

Acompañar no es solamente motivar en todo momento con palabras vacías, por sistema, con discursos superficiales de auto-superación que no siempre llegan al jugador. Acompañar es también **exigir con optimismo** de forma realista, **empoderar** y **escuchar** tanto lo que dicen como lo que no dicen, que ellos sepan que cuando necesiten una caricia de ánimo, la tendrán; cuando sea necesario llorar juntos, llorar con ellos; si conviene reír, reímos; y también que si debemos enfadarnos, nos enfadaremos... y aplaudir; sobretodo es necesario aplaudir y reconocer siempre que sea necesario (Capdevila, 2015).

Acompañarles es también enseñar a procesar frustraciones, conflictos con los compañeros, derrotas o consecuencias de las decisiones tomadas. En la iniciación aparecen ya pequeñas decisiones, y es un buen momento para dejar que las tomen ellos, y que tomen muchas que no nos gustarán... Y enseñarles a levantarse cuando se caigan.

Se puede acompañar al jugador en cada sesión de entrenamiento, en cada competición, en cada mensaje de texto al móvil, etc. Siempre hay ocasión para *seguir creciendo juntos*. Como ya hemos dicho, puede ser igual de malo estar demasiado cerca que demasiado lejos, pero el ideal a perseguir es que el jugador tenga al entrenador siempre que lo necesite, y de cada interacción se lleve aquello que precisa en cada momento; por ejemplo, que cuando se vaya del entrenamiento se lleve aquello que necesitaba hoy: una broma, una corrección, una conversación larga, un toque de atención, decirle que descanse un rato, jugar un set con él al terminar, chocar la mano al despedirse, etc. La labor del entrenador no es fácil: ¡conseguir captar esto de cada uno de los jugadores!

Si queremos que el camino que vamos haciendo durante la iniciación sea positivo, debemos ir aprendiendo y enseñando muchas más cosas que unos fundamentos técnico-tácticos básicos. Este es el oficio del entrenador.

6.4.3. Sintonía emocional y comunicación

Una de las características tanto de los animales como los humanos es la capacidad de aprender imitando gracias a las neuronas espejo, "reflejando" en nuestras redes neuronales lo que observamos de otro individuo que realiza una acción determinada (Pérez-Leal, 2016). Sin embargo, las personas podemos aprender no solamente movimientos y conductas por imitación, sino que las neuronas espejo se activan también ante las emociones de los otros. La unión del sistema espejo a aquellos dedicados a la emoción, nos ayuda a sentir lo que experimentan los demás en nuestro propio cuerpo.

Siendo la empatía y la buena comunicación una de las herramientas más importantes para conectar y acompañar a los jugadores, podemos hacer, como nos dice el psicólogo Cozolino (2019), *"piensa en tu cuerpo como una antena parabólica que recoge vibraciones débiles del interior de tus alumnos, y comprueba si puedes traducirlas a palabras que puedas compartir con ellos. Trata de evitar de convertirte en un detective que pretende llegar a la fuente de los sentimientos de tus alumnos. Limítate a estar en sintonía con lo se está experimentando y hazles saber que comprendes sus sentimientos"*.

6.4.4. La formación integral del deportista

Centrar la labor del entrenador en el jugador más que en el entrenamiento, como regla primordial, es un enfoque nos lleva hacia la formación integral del jugador.

Iñaki Azkarraga es pedagogo y trabaja en el departamento de atención al futbolista en el Athletic Club de Bilbao, una de las canteras más destacadas de formación de futbolistas. Hablando sobre su modelo, explica que:

"Trabajamos desde la autonomía y el aprendizaje, peleando por consolidar una cultura del esfuerzo desde un planteamiento educativo, tanto en lo deportivo como en lo escolar o académico. (...) Les vamos a dar buena educación, excelente preparación deportiva y la atención de grandes profesionales, pero sobre todo lo demás, mucho calor y cariño. Esto es algo de lo que nos enorgullecemos en Lezama". (Azkagarra, 2017).

Para la educación integral de los jóvenes, parece necesario atender al papel que juegan las familias, la relación con los compañeros, el sentimiento de pertinencia y a la formación académica, por lo que además del trabajo grupal, la cohesión del equipo o el sentimiento de pertinencia, los espacios tutoriales o seguimiento pueden ser uno de los pilares para un club que quiera promover la formación integral de cada jugador.

6.4.5. El final del camino

Hay un momento maravilloso que a veces vivimos los entrenadores; cuando un jugador te dice: *"¿me ayudas?"*. Sin embargo, hay otro que debería ser más maravilloso pero que muchas veces vivimos como un fracaso personal; el momento que nos dicen: *"gracias por todo, pero ya está, ¡ya no te necesito más!"*. El objetivos de los entrenadores es acompañar hasta allá donde los jugadores no pueden ir solos; en el caso de la iniciación, integrarse en el club, aprender los fundamentos del juego, gestionar las primeras competiciones... Y una vez detectamos honestamente que hemos llegado al fin, soltarles para que sigan su camino.

Acompañar es una herramienta educativa muy potente que tenemos los entrenadores si sabemos usarla bien. Pero conectar con cada uno de los jugadores, en muchos de nosotros, no es algo que nos salga de manera natural. Es un logro que requiere tiempo y mucha práctica. Como profundizaremos en el siguiente capítulo, solo seremos capaces de hacer frente y gestionar las emociones de los demás en la medida que estemos abiertos a nuestras propias emociones (Cozolino, 2019).

6.5. REFERENCIAS

Azkarraga, I. (2017). Atheltic Club: estudiando para futbolista. RACO. Extraído de https://www.raco.cat/index.php/EducacioSocial/article/view/320434/414013

Capdevila, C. (2015). Educar millor. Barcelona: Arcàdia

Cozolino, L (2019). La enseñanza basada en el apego. Bilbao: Editorial Descée

Pérez-Leal, A. (2016). La función de las neuronas espejo en el aprendizaje. Nueces y Neuronas. Extraído de http://www.nuecesyneuronas.com/neuronas-espejo-aprendizaje/

Solana, A. (2007). Aprendizaje cooperativo en las clases de educación física. Sevilla: Wanceulen

Capítulo 7
EL ENTRENADOR (PARTE 2): LAS COMPETENCIAS EMOCIONALES DEL ENTRENADOR DE INICIACIÓN

Eduardo Lázaro

"Sin emoción no hay proyecto"
Eduard Punset

7.1. OBJETIVOS DEL MÓDULO

- Introducir la inteligencia emocional y su relación con el entrenador.
- Presentar las competencias emocionales para el entrenador.
- Conocer herramientas para mejorar las diferentes competencias emocionales aplicadas al entrenador de iniciación.
- Reflexionar sobre la educación de los valores.

7.2. INTRODUCCIÓN

El entrenador de tenis de mesa tiene unas necesidades psicológicas en el desarrollo de su actividad que van a estar relacionadas con su propio equilibrio emocional y comportamiento personal, así como con en el liderazgo que ejerce con sus jugadores, y con la comunicación con el resto del equipo técnico, directivos, árbitros, padres de los jugadores, etc.

Podemos definir las competencias emocionales de un entrenador como los conocimientos, habilidades, pensamientos, carácter y valores que muestra en las distintas interacciones que tiene en los ámbitos personal, social y laboral. **Las competencias emocionales del entrenador son una herramienta más dentro del proceso de enseñanza.**

7.3. ENFOQUE INTRAPERSONAL (CON UNO MISMO)

Las competencias del entrenados de iniciación, dentro del enfoque intrapersonal, se relacionan muy directamente con la Inteligencia

Emocional (IE) y que hacen referencia al **modo en que nos relacionamos con nosotros mismos**.

Mayer & Salovey (1990) definen la inteligencia emocional como la capacidad para percibir, asimilar, comprender y regular las emociones propias y las de los demás. La inteligencia emocional se puede aprender y así controlar emociones tan significativas en el mundo del deporte como la ansiedad, las presiones, los miedos (estrés) y la agresividad (Ros, Moya-Faz & Garcés de Los Fayos, 2013)

Las 5 habilidades que componen la IE según Goleman (1995) son:

• Conocimiento de las propias emociones.

• Capacidad para motivarse a sí mismo.

• Capacidad para controlar las emociones.

• Capacidad para reconocer las emociones ajenas.

• Control de las relaciones interpersonales.

Dentro del enfoque intrapersonal podemos considerar tres de ellas: conocimiento de las propias emociones, capacidad de motivarse a sí mismo y capacidad para controlar las emociones.

- **Conocimiento de las propias emociones** (autoconocimiento o conciencia de uno mismo). Se refiere al conocimiento de nuestras propias emociones y cómo nos afectan. En muy importante conocer el modo en el que nuestro estado de ánimo influye en nuestro comportamiento, cuáles son nuestras virtudes y nuestros puntos débiles. En muchos casos, sabemos poco de nosotros mismos.

- **Capacidad para motivarse a sí mismo (automotivación).** Dirigir las emociones hacia un objetivo nos permite mantener la motivación y fijar nuestra atención en las metas en lugar de en los obstáculos. En esto es necesaria cierta dosis de optimismo e iniciativa, de forma que seamos emprendedores y actuemos de forma positiva ante los contratiempos.

- **Capacidad para controlar las emociones** (autocontrol emocional o autorregulación). El autocontrol nos permite no dejarnos llevar por las emociones del momento. Se trata de regular nuestro comportamiento distinguiendo lo que es producto del momento, de lo que perdurará en el tiempo. De esta forma no actuamos solamente por impulsos, sino que graduamos y dosificamos nuestra energía teniendo en cuenta nuestros intereses y principios.

Estas competencias se relacionan con las necesidades psicológicas personales del entrenador de tenis de mesa. Su conducta y su **equilibrio emocional** van a ser claves en su rendimiento. Por lo tanto, el entrenador de tenis de mesa debe comenzar por un trabajo psicológico personal que le capacite para relacionarse con efectividad, ejercer el liderazgo requerido por el jugador o grupo de jugadores asignado, y favorecer el aprendizaje del tenis de mesa.

Es fundamental que el entrenador **conecte emocionalmente** con los deportistas que entrena. Para ello es necesario que preste atención a su propia emocionalidad y compruebe que está en sintonía con la de sus deportistas en la dirección de los objetivos marcados. Por ejemplo, si le genera rechazo las ganas de divertirse y pasarlo bien de sus jugadores cuando no prestan atención a sus indicaciones, deberá revisar esa sensación de rechazo para que no le genere una actitud autoritaria que le haga centrarse exclusivamente en la técnica sin considerar el objetivo de **que se diviertan aprendiendo**.

Es muy importante que el entrenador observe su lenguaje **verbal y no verbal**, con relación a su estado emocional, para que su comunicación también sea congruente con los objetivos marcados.

> *Ejemplo:*
> *Si queremos que los jugadores de iniciación adquieran confianza en sí mismos no debemos hacer gestos despectivos o de desesperación cuando cometen errores. Estos gestos transmiten falta de confianza y el jugador los recibe en un momento difícil para él, en el que no sabe qué hacer cuando ha cometido un error. Sin embargo, gestos que demuestren confianza en que a pesar del error lo puede hacer bien, generan esa confianza que el jugador necesita en ese momento. Pero para que salgan esos gestos de apoyo es necesario que el entrenador consiga una actitud de comprensión que le genere unos sentimientos de aceptación incondicional con su jugador.*

Siendo tan importante la comunicación de emociones es conveniente que el entrenador evalúe su actuación. Para ello puede gravarse en vídeo en entrenamientos y competiciones para que pueda observar sus gestos, palabras, tono de voz, posición corporal, etc., con sus jugadores. También le puede servir el *feedback* de sus propios jugadores o de otros miembros del equipo técnico.

7.3.1. Ejercicios para el desarrollo de la inteligencia emocional intrapersonal

Podemos hacer algunos ejercicios para el desarrollo de la inteligencia emocional intrapersonal propia y de nuestros jugadores, por ejemplo:

- Hacer un ejercicio de **introspección** para observar nuestras experiencias emocionales. Este ejercicio lo podemos recomendar a nuestros jugadores para después ponerlo en común en un coloquio en el que los jugadores expresen sus experiencias emocionales en el entrenamiento y en la competición. Para ello se ha tenido que explicar previamente qué son las emociones, sus tipos y cómo identificarlas. En este tipo de ejercicios es importante distinguir las emociones en función de los resultados y del contexto.

> **Ejemplo:**
> *El error se puede interpretar desde la negación y el desánimo, pero también desde la aceptación y la motivación. La ira puede generar comportamientos disruptivos (tirar la pala, dar una patada a la mesa, ponerse a llorar y dejar de jugar, etc.) pero también puede canalizarse hacia comportamientos más adecuados (un grito, una palmada en el muslo, etc.) que nos permitan seguir jugando con normalidad. Para ello debemos conocernos y anticiparnos a nuestras reacciones si no son adecuadas.*

- Hacer alguna **práctica de meditación o relajación**, por ejemplo, con la respiración o la imaginación, ejercicios de *mindfulness* o de yoga. Con esto conseguimos conectar con nosotros mismos e identificar los estados emocionales que acompañan dichas prácticas. Con los jugadores podemos hacer una práctica guiada de iniciación. En internet hay multitud de vídeos y audios que nos pueden ayudar. La única precaución es comprobar que su autor es un profesional cualificado.

- Utilizar el **cambio de pensamiento** para conseguir la reparación emocional. Detectar los pensamientos distorsionados que nos generan emociones negativas o una escalada excesiva de dichas emociones es un ejercicio muy rentable. Si llegamos a entender qué pensamiento está en el origen de una emoción negativa podemos intentar cambiarlo por otro mejor adaptado a la situación que no nos genere tanto malestar.

Ejemplo:

Podemos pensar que como mis jugadores no mejoran lo suficiente "no valgo como entrenador". Este pensamiento nos puede generar una frustración exagerada. Si conseguimos interpretar la escasa mejora de los jugadores desde un punto de vista menos focalizado en mi persona, es decir "yo como entrenador soy un elemento más en relación a la mejora de los jugadores", y si además, despersonalizo la situación pensando que lo que igual no es adecuado es el método que utilizo, pero no yo como entrenador, entonces puedo buscar soluciones en las circunstancias que pueden estar influyendo en la escasa mejora de los jugadores y puedo encontrar otro método con el que conseguir mejores resultados.

Esta capacidad de analizar el pensamiento y adecuarlo a la realidad se puede transmitir a los deportistas mediante el "debate socrático" o lo que actualmente se denomina "coaching". Mediante preguntas del entrenador a sus jugadores, estos recapacitan sobre un tema para encontrar respuestas adecuadas.

Ejemplo:

Si un jugador piensa que no va a conseguir colocar la pelota para ganar el punto (objetivo del Eje 3: Utilizar la colocación de la pelota para ganar el punto), el entrenador le puede preguntar por otras cosas que al jugador no le salían antes y que ahora ya domina. O le puede preguntar por qué puede determinar el futuro con tanta precisión negativa, o por qué otras personas sí lo han conseguido partiendo del mismo nivel que él. De esta forma conseguimos un cambio de pensamiento que produce emociones más positivas para seguir practicando de una forma más optimista hasta que lo consiga.

- Comprender que el resultado requiere de un proceso y que ese **proceso también es importante**. De esta forma podremos encontrar la motivación del día a día (automotivación) compaginándola con la motivación de logro. Si sólo nos centramos en la motivación de logro, entonces el día a día se puede hacer muy duro cuando los resultados tratan en legar o incluso no llegan. Para trasladar esta automotivación a los jugadores debemos parcelar los objetivos grandes en otros más pequeños y alcanzables en el entrenamiento cotidiano, para que sumando pequeños objetivos nos vayamos acercando al objetivo final más ambicioso. Terminar el entrenamiento con la sensación de haber aprovechado el tiempo en una dirección adecuada es muy gratificante y motivador. En esto también ayuda, **generar buenos momentos divertidos** en los entrenamientos con música, juegos, bailes, bromas, etc. que hagan el proceso más entretenido.

7.4. ENFOQUE INTERPERSONAL (CON LOS OTROS)

Dentro de las competencias del enfoque interpersonal del entrenador de iniciación podemos incluir las competencias sociales de la Inteligencia Emocional que se refieren al **modo en que nos relacionamos con los demás.** Estas competencias van a estar determinadas por el contexto en el que se desarrolla la actividad de entrenador y son fundamentales en su propio desarrollo.

Mediante su capacidad de **empatía** y sus **habilidades sociales**, va a poder influir en sus jugadores para que consigan un aprendizaje de las destrezas necesarias y va a poder dirigirlos en el entrenamiento y en la competición con mayor probabilidad de éxito.

- **Capacidad de reconocer las emociones ajenas** (o empatía). Las relaciones sociales se basan muchas veces en saber interpretar las señales que los demás emiten de forma consciente o inconsciente, verbales y no verbales. El reconocer las emociones ajenas, nos puede ayudar a establecer lazos más reales y duraderos con las personas de nuestro entorno. Esto nos sirve para entenderlas e identificarnos con esas personas.

- **Control de las relaciones interpersonales** (o habilidades sociales). Cualquiera puede darse cuenta de que una buena relación con los demás es una de las cosas más importantes para un entrenador. Y no sólo tratar a las personas que nos resultan agradables. Sino también tratar exitosamente con aquellas que están en una posición contraria u hostil.

Estas competencias sociales de la Inteligencia Emocional afectan directamente a las necesidades psicológicas de relación del entrenador. Además de influir en los jugadores es necesario que el entrenador tenga habilidades de relación con las personas de su entorno inmediato. Principalmente con los jugadores y demás profesionales relacionados (entrenadores, monitores, preparador físico, médico, fisioterapeuta, psicólogo, etc.) pero también y muy importante con los padres de los jugadores y el personal del club o entidad en la que entrene.

También las competencias sociales de la Inteligencia Emocional se relacionan de forma importante con otras necesidades psicológicas del entrenador como son **el liderazgo y la enseñanza.**

La acción de liderazgo debe ir encaminada a favorecer el aprendizaje de las destrezas necesarias para mejorar el juego, conseguir el máximo rendimiento en los entrenamientos y en la competición. No hay que olvidar que uno de los objetivos del entrenador de iniciación va a ser transmitir eficazmente conocimientos sobre tenis de mesa en un **contexto de enseñanza.**

7.4.1. Ejercicios para el desarrollo de la inteligencia emocional interpersonal

Para mejorar las competencias de la inteligencia emocional interpersonal el entrenador puede utilizar las siguientes estrategias:

- **Saludar** de forma efusiva, con una sonrisa y con un comentario de bienvenida. Es fundamental que el entrenador reciba a los jugadores como personas importantes que son para su trabajo. Si no fuese por los jugadores y sus padres (en iniciación), ¿qué sentido tendría su trabajo? A todos nos gusta que nos tengan en cuenta y el saludo es una señal de ello. Además, el entrenador que saluda de esta forma se proporciona a sí mismo un momento emocional positivo que le ayuda a tomar energía para el entrenamiento y la competición.

- **Sonreír.** La sonrisa que hemos iniciado en el saludo debemos mantenerla mientras trabajamos. Diversos experimentos han demostrado que al sonreír se genera serotonina en nuestro cerebro que nos ayuda a regular el estado de ánimo. Esto no quita para que nos podamos poner serios en algún momento, pero el ambiente que debe predominar con los jugadores de iniciación, o puede que, en todos los niveles, es el de la sonrisa. También se puede motivar a los jugadores para que sonrían, pero teniendo en cuenta que las emociones se contagian.

- **Generar empatía.** El entrenador puede desarrollar su capacidad de empatía conociendo bien a sus jugadores y teniendo en cuenta sus situaciones personales y sus estados emocionales. Esta debe ser una idea prioritaria en el entrenador. La relación con cada uno de sus jugadores debe ser personalizada utilizando la empatía. También a los jugadores se les puede incentivar para ser empáticos en relación con el entrenador y a sus propios compañeros. Para esto los ejercicios de poner en común los estados emocionales de los jugadores en distintas situaciones y que el entrenador exprese los suyos en momentos adecuados, puede ayudar.

- **Técnicas de comunicación.** Es importante tener en cuenta lo que se dice, pero también cómo se dice (entonación, ritmo,...) y que gestos acompañan el mensaje. También es muy importante la posición corporal y la distancia que tenemos respecto a la persona o grupo. Además de esto, podemos utilizar:

  o **Preguntas.** Por ejemplo, preguntar cómo se sienten, qué esperan del entrenamiento, qué les ha parecido, qué querían hacer, ...

  o **Utilizar el nombre de cada persona.** Principalmente el nombre, apellido o forma particular que le guste al jugador. Por ejemplo, no es adecuado: ¡Eh!, ¡Tú!, ¡Ése!

  o **Escucha activa.** Escuchar lo que nos dicen o hablan entre ellos sin interrumpir y sin estar obligados a decir lo que tienen que hacer en todo momento. Escucha activamente no significa estar de acuerdo con dicen o piden. Sencillamente es escuchar con atención para comprenderlo y tenerlo en cuenta. También promover que se escuchen entre ellos.

  o Utilizar un **estilo asertivo** en el que expresemos lo que queramos, pero respetando en todo momento a nuestro interlocutor. Expresiones con: ¡Qué inútil!, ¡Mal! ¡No te enteras!, ¡Qué pena das!, o similares, no son adecuadas ya que transmiten rechazo y menos precio. Reflejan una actitud del entrenador de no aceptación.

  o **Presencia.** Es importante comunicar presencia con nuestra posición y nuestra mirada para que el jugador se sienta acompañado por nosotros mientras hace ejercicios o compite. Para ello el entrenador debe tener empatía ("entiendo lo que el jugador necesita") y demostrarla (comunicando interés por el jugador con su posición y su mirada).

  o **Demostrar disponibilidad.** El entrenador debe estar disponible para lo que necesite el jugador. Aunque no pueda atenderle en ese momento debe demostrar el interés suficiente y aplazar lo que el jugador demanda con una demostración de afecto y comprensión.

- o **Despedida.** La despedida también es muy importante. Aquí vuelve a ser protagonista la sonrisa y la demostración de afecto. Si con el gesto podemos expresar "Me gusta ser tu entrenador y quiero vengas a entrenar más días", puede ser estupendo. También lo podríamos decir con palabras. Para eso es necesario que el entrenador lo sienta verdaderamente.

7.5. ENTRENADOR Y VALORES

El deporte debe ser un factor de integración social, fuente de disfrute, salud y bienestar, desde el respeto a las distintas nacionalidades y etnias, al medio ambiente y a la calidad de vida como factores de convivencia social (Díaz-Suárez, 2009). En el tenis de mesa de iniciación no podemos perder esta perspectiva y centrarlo demasiado en la competición ya que corremos el riesgo salirnos de un marco contextual adecuado para el deporte de iniciación (proceso de enseñanza).

El trabajo del entrenador con los jugadores en edad escolar debe ser dentro de un contexto educativo centrado en valores tanto sociales como personales (Gutiérrez, 1995; citado en Díaz-Suárez 2009).

- **Valores sociales:** Participación de todos, respeto por los demás, cooperación, relación social, amistad, pertenencia a un grupo, competitividad, trabajo en equipo, expresión de sentimientos, responsabilidad social, convivencia, lucha por la igualdad, compañerismo, justicia, preocupación por los demás, cohesión de grupo.

- **Valores personales:** Habilidad (forma física y mental), creatividad, diversión, reto personal, autodisciplina, autoconocimiento, mantenimiento o mejora de la salud, logro (éxito-triunfo), recompensas, aventura y riesgo, deportividad y juego limpio (honestidad), espíritu de sacrificio, perseverancia, autodominio, reconocimiento y respeto (imagen social), participación lúdica, humildad, obediencia, autorrealización, autoexpresión, imparcialidad.

La **formación en valores** debe de ser un objetivo importante para el entrenador. Estar informado y actualizado sobre los valores y la ética del deporte es una tarea necesaria para poder educar en valores a sus deportistas. Diversos organismos internacionales, nacionales y autonómicos relacionados con el deporte (UNESCO, Comités Olímpicos, CSD, RFETM y Federaciones

Autonómicas y otros) ofrecen códigos, guías y materiales en los que el entrenador puede encontrar referencias sobre este tema que faciliten su propia formación en valores. Estos valores deben guiar el trabajo del entrenador y para ello, cualquier método, ejercicio, procedimiento que utilice y cualquier comunicación en su contexto debe de ser congruentes con estos valores que son los del deporte y la educación. Para conseguirlo sería conveniente evaluar este aspecto periódicamente de forma interna y/o externa.

El deporte promueve la solidaridad, el respeto, el trabajo en equipo, la responsabilidad, la honestidad, la autoestima y la motivación.[4]

7.6. REFERENCIAS

Díaz-Suárez, A. (2009): El deporte una solución a la multiculturalidad. Revista Iberoamericana de Educación, nº 50/3 – 10 de septiembre de 2009. Organización de Estados Iberoamericanos para la Educación, la Ciencia y la Cultura (OEI).

Ros Martínez A., Moya-Faz F.J. & Garcés de Los Fayos Ruiz E.J. (2013). Inteligencia emocional y deporte: situación actual del estado de la investigación. Cuadernos de Psicología del Deporte, 1 (13), 105-112.

Salovey, P., & Mayer, J.D. (1990). Emotional intelligence. Imagination, Cognition and Personality, 9(3), 185-211.

---

[4] Irina Bokova, Directora General de la UNESCO en su mensaje para celebrar el Día Internacional del Deporte para el Desarrollo y la Paz (2017).

Capítulo **8**

EL ENTRENADOR (PARTE 3): TRABAJAR CON CHICAS EN LA INICIACIÓN

Galia Dvorak

8.1. OBJETIVOS DEL MÓDULO

- Conocer la realidad del tenis de mesa femenino en general, y en la iniciación en particular.
- Reflexionar sobre la formación de jugadoras en la etapa de iniciación
- Dar herramientas para que el entrenador de iniciación pueda hacer mejor su trabajo cuando esté trabajando con jugadoras.

8.2. LAS CHICAS EN LA INICIACIÓN

Cuando empecé a jugar a tenis de mesa no lo hice en las condiciones más habituales: mis padres eran jugadores profesionales y durante los primeros años mis entrenamientos casi siempre eran con ellos. Desde el principio tuvieron claro que si jugaba a tenis de mesa era para hacerlo lo mejor posible y por eso, los entrenamientos siempre estuvieron orientados a adquirir la técnica y las habilidades necesarias para ganar partidos lo más eficientemente posible: yo era muy competitiva y las sesiones eran bastante exigentes. Claramente, el objetivo primordial se cumplió, rápidamente empecé a despuntar y a ser la mejor en todas las categorías hasta el día de hoy, que me dedico a jugar profesionalmente.

Si hay algo negativo que recuerdo de aquellos primeros años, es lo extremadamente sola que me sentía en mi camino. No tenía amigas o compañeras con quien compartir mi experiencia. Además, odiaba ponerme ropa de tenis de mesa porque toda la que se vendía en aquella época era de chico, y no me gustaba nada que me obligasen a recogerme el pelo ya que con coleta me veía muy fea. Años más tarde, aunque hice amigas en los campeonatos y en la selección, esa sensación de soledad e incomodidad seguía acompañándome y no fue hasta mucho más tarde que no comprendí a qué se debía ese sentimiento. Si bien la práctica de tenis de mesa de una forma regular no es la actividad deportiva más popular entre los hombres (al menos en esta parte del mundo), entre las chicas y las mujeres lo es mucho menos: desde la Unión Europea de Tenis de Mesa hemos hecho un estudio y los datos nos muestran que a Enero de 2020 las mujeres sólo representan el 21% del total de jugadores federados. Ahora, entiendo que todos estos años, no había estado sola sino que formaba parte de una minoría y que esta sensación era común con las otras chicas que practican este deporte: el tenis de mesa es un deporte masculino en el que hay algunas chicas.

Por desgracia las chicas que se aventuran a practicar tenis de mesa son muy pocas y debemos hacer todo lo que esté nuestro alcance para que descubran y se enganchen a él. Además invertir en tenis de mesa femenino, es una gran oportunidad tanto para clubs como para federaciones porque al ser un área poco explotada, hay muchas oportunidades de crecimiento.

Actualmente, los clubs con una cantera mayoritariamente de chicas suponen la excepción, por eso el entrenador de iniciación de tenis de mesa posiblemente se encontrarán en la situación de que en su grupo casi no hay chicas o que le cuesta lograr que éstas se enganchen a este deporte. Si en la introducción hablábamos que el entrenador debe *abandonar un enfoque elitista y apartar a los que "no sirven"* en el caso de entrenar a niñas se hace mucho más evidente.

Otros entrenadores quizás vean en las chicas la posibilidad de conseguir resultados fácil y rápido (como hay menos oponentes, más posibilidades de triunfar) y se frustren cuando al poco tiempo éstas lo acaben dejando. Este fenómeno no es solo un problema inherente del tenis de mesa sino que se da en casi todos los deportes y tiene un fuerte componente cultural: según un estudio de 2018 realizado por El portal Faros de promoción de la salud y el bienestar infantil del Hospital Sant Joan de Déu y avalado por el CSD, el 80% de las niñas en España no realizan la actividad física recomendada por la OMS. Además, el informe sobre Actividad Física en Niños y Adolescentes en España (2016) elaborado por la Fundación para la Investigación Nutricional advierte que el 86% de las chicas adolescentes abandona el deporte. Es decir, que hay muy pocas chicas que practican deporte y la mayoría lo deja durante la adolescencia.

Esta situación provoca que algunos entrenadores tengan un miedo inicial a entrenar a chicas, y es un sentimiento comprensible y natural porque muy pocos tienen experiencia en este ámbito. Por suerte, en la práctica del tenis de mesa, tanto el reglamento como el material que se usa para jugar es igual para hombres como para mujeres. Además la técnica y la táctica esencial es la misma y las ligeras variaciones no se producen hasta bien entrada la fase de tecnificación o incluso el alto rendimiento.

Entonces, si el reglamento, el material, la técnica y la táctica son los mismos, ¿qué diferencias puede encontrar el entrenador de iniciación podemos entre entrenar a chicos que a chicas? A continuación, vamos a nombrar algunas diferencias que pueden aparecer durante el proceso de iniciación.

El eje 1: Construir el vínculo con el juego, la actividad y el club

En el capítulo 4, cuando introducíamos este eje decíamos que un jugador que se *implica y se siente vinculado con sus nuevos compañeros seguramente seguirá jugando.* En el caso de las chicas deberemos prestar especial atención a esto ya que como decíamos, es probable que sean una minoría dentro de un grupo mixto y a veces esta situación dificulta la adaptación. Muchas veces resulta positivo animarlas a que traigan alguna de sus amigas para probar el deporte y así entrenen juntas pero si esto no es posible deberemos hacer lo que esté en nuestra mano para integrarlas en el grupo: animarlas a hablar o participar, asegurarnos de que si hacemos equipos para los juegos a veces también sean las capitanas, hacer intercambios con clubs vecinos para que jueguen con otras chicas o incluso llevarlas a ver entrenamientos de chicas mayores o de más nivel para que tengan modelos a seguir.

También es importante que recordemos que aunque la sociedad cada día avanza para ser más igualitaria, en muchos casos la exigencia y la educación que reciben las chicas no es exactamente igual que la que reciben los chicos. Esto se traduce en que en ocasiones podremos observar que las niñas sean más constantes en sus entrenamientos y estén más atentas a las palabras del entrenador pero en otras que los padres les ponen más exigencia con los estudios desde muy temprana edad y puede que tengan menos tiempo para dedicar a la práctica deportiva. Es difícil generalizar y establecer unos rasgos comunes para un grupo tan amplio y heterogéneo como "las chicas" pero sí que es importante que el entrenador esté atento a las particularidades de cada colectivo y sea capaz de adaptarse a las necesidades de éstos y dirigirlos.

El eje 2: Construir la relación pala – pelota – cuerpo – espacio – mesa

Al igual que decíamos que en casos puntuales nos podemos encontrar con jugadores que han practicado otros deportes de raqueta y han aprendido de forma espontánea muchos de los conceptos que se aprenden en la fase de iniciación, es muy posible que en ocasiones nos encontremos con niñas que no solo no han practicado antes ningún deporte de raqueta sino que no han practicado ningún deporte en general y por ello no estén acostumbradas a correr, hacer pequeños esfuerzos físicos o no dispongan de la coordinación básica. Además, será importante recordar que de media, las chicas tienen menos fuerza que los chicos y sin ser nunca menos exigentes con ellas, debemos tener en cuenta que no todos los ejercicios físicos son iguales para todos. Asimismo, cuando éstas crezcan es probable que no sean tan altas como sus compañeros lo que condiciona que no tengan tanta envergadura y se puedan sentir más cómodas jugando cerca de la mesa y no se les den muy bien los ejercicios en los que hay que alejarse de ella.

En cuanto a la construcción de la relación de las jugadoras con la pala, nos daremos cuenta de que muchas de las niñas tienen las manos especialmente pequeñas y es importante recordar que deben escoger una pala con un mango adecuado al tamaño de su mano para que la presa sea correcta desde el principio. También cabe mencionar que habrá que prestar atención al material de juego: en competiciones de chicas es algo más frecuente encontrar jugadoras con material que no sean dos gomas lisas, que es el material más frecuente. Hay más chicas con estilos de juego defensivos o de bloqueo en las competiciones y más aún si hablamos del alto rendimiento y a nivel profesional. Esto ocurre porque como comentábamos, las chicas suelen tener menos fuerza para acabar un punto con un golpe definitivo o con mucho efecto, por eso los juegos más "conservadores" u orientados a devolver pelotas tienen más salida.

El eje 3: Establecer la relación con el juego de oposición

¿Son las chicas menos competitivas que los chicos? ¿Tienen más paciencia que ellos? ¿Cuántos de estos atributos son innatos a nuestra naturaleza y cuántos de ellos son meramente una construcción social? Aunque diversos estudios recientes demuestran que con el incentivo correcto las chicas son tan competitivas como ellos aunque las tácticas y recursos que utilizan para ganar son diferentes (Benenson, 2013), hay otros que difieren y sugieren que las chicas tienen menos confianza en sus habilidades y por ello evitan la competición (Niederal et al., 2007). Sea de una manera u otra, el tenis de mesa femenino sigue siendo un juego de oposición también para ellas y por eso será importante que el entrenador de iniciación enseñe a las chicas a desarrollar su competitividad y los diferentes conceptos para ganar puntos.

Por último, es importante recordar lo que comentábamos más arriba sobre el material: aunque nuestra jugadora acabe escogiendo jugar con dos gomas lisas, en cuanto empiece a competir es muy probable que se encuentre con jugadoras con picos o cortadoras y debe aprender a hacer frente a estos estilos.

8.3. ¿CÓMO ATRAER A LAS CHICAS PARA QUE JUEGUEN A TENIS DE MESA?

Es posible que la responsabilidad de la captación de jugadores no recaiga en manos del entrenador de iniciación, pero si que serán su responsabilidad tanto la primera toma de contacto con el tenis de mesa como las sesiones posteriores. Por ello, ofrecemos una serie de pautas que pueden ayudar a la captación de chicas para un club:

- Mostrar referentes femeninos. Tanto el hecho de incluir imágenes de chicas en los folletos informativos o posters decorativos como usarlas como ejemplos en las explicaciones ayuda a que las chicas se sientan representadas.

- Involucrar a las chicas de tu club. Tener modelos a seguir siempre es inspirador. A medida que resulte posible se debe intentar involucrar a las demás jugadoras del club con la iniciación, aunque sólo sea adelantando el entrenamiento de las mayores cinco minutos para que las más pequeñas las vean entrenar.

- Ser flexible y no descuidar la parte social. A veces las niñas, sobretodo las más pequeñas sólo estarán interesadas en hacer amigas y hablar. Incluir estas partes más sociales al principio de la sesión de entreno puede ayudar a que después estén más concentradas en la actividad.

- Valorar la importancia de tener una auto imagen positiva. Algunas niñas son muy conscientes de su imagen y de su cuerpo y es posible que para algunas suponga un problema ponerse un atuendo "adecuado" para la práctica deportiva, no quieran recogerse el pelo o por ejemplo, lleven demasiadas pulseras. Cómo estamos hablando de una fase de iniciación dónde lo más importante es que el jugador se sienta cómodo en la práctica deportiva y se enganche a este deporte, no hace falta ponerse muy estrictos con estas normas. Más adelante, a medida que se vayan sintiendo más cómodas y seguras ya irán adaptando su atuendo espontáneamente.

- Utilizar un lenguaje adecuado. Es importante mencionar que no hay que olvidar utilizar un lenguaje adecuado y evitar todo tipo de comentarios sexistas o despectivos: lo que puede parecer simplemente una broma desde un punto de vista, puede resultar totalmente desmoralizador desde otro.

8.4. REFERENCIAS

Benenson, J. (2013). The Developement of Human Female Competition: Allies and adversaries. Boston: Royal Society Publishing

Niederal, M. & Vesterlund, L. (2007). Do women shy away from competition? Do men compete too much?.The Quarterly Journal of Echonimics, 122,1-35.

Women Sports Foundation (2019). Coaching trough a gender lens: maximizing girls play and potential. Women Sports Foundation. Extraído de www.womensssportsfoundation.org

Capítulo 9

LAS RELACIONES SOCIALES ENTRE COMPAÑEROS DE ENTRENAMIENTO COMO MOTOR DE APRENDIZAJE

David Soler

"Si quieres ir rápido, ve solo. Si quieres llegar lejos, ve acompañado"
Proverbio africano

9.1. OBJETIVOS DEL MÓDULO

- Comprender las relaciones sociales entre compañeros como un motor de aprendizaje.
- Presentar los objetivos que pueden ser aprendidos por medio de las relaciones sociales con los compañeros.
- Presentar herramientas para poder estimular el aprendizaje entre compañeros durante una sesión de entrenamiento.

9.2. INTRODUCCIÓN

El tenis de mesa es un deporte individual que se entrena en equipo, y del mismo modo que el entrenador y el entrenamiento son una fuente de aprendizaje, también lo son los compañeros; es por ello que los incluimos como un elemento más del contexto educativo. La relación con los compañeros tiene una gran importancia, y los entrenadores deben promover el intercambio cualitativo que favorezca una buena interacción con los iguales.

Lo que se aprende de los compañeros de entrenamiento tiene una característica que ya hemos visto anteriormente: puede ser positivo, negativo o neutro. **Si se promueve y favorece esta influencia educativa positiva entre los jugadores, tenemos la oportunidad de sumar y mejorar la calidad de nuestra enseñanza.**

¿Qué aspectos pueden cultivarse en un deportista por medio de la interacción con sus compañeros? Para un grupo de iniciación, algunos objetivos de aprendizaje que pueden ser aprendidos por medio de la interacción entre compañeros, pueden agruparse en:

- <u>Objetivos sociales</u>: Compañerismo, integrarse en el club, ser coherente con la filosofía del club, la comunicación con el entrenador, respeto, etc.
- <u>Objetivos actitudinales</u>: Disfrutar, *fair play*, concentración, relajación, motivación, paciencia, activación, tenacidad, etc.
- <u>Objetivos técnico-tácticos</u>: Ver al otro como un rival, creatividad, resolución de problemas y soluciones tácticas, aprendizaje de los golpes técnicos o habilidades en general, etc.

Vemos que la gran mayoría de objetivos de aprendizaje pueden ser aprendidos y/o reforzados por medio de la interacción entre compañeros. ¿Qué herramientas tiene el entrenador para estimular estos procesos? A continuación propondremos 4 prácticas:

1. El aprendizaje cooperativo.
2. Los debates durante el entrenamiento.
3. Tutoría entre iguales.
4. Los "sparrings".

9.3. EL APRENDIZAJE COOPERATIVO

Las tareas, juegos o ejercicios que el entrenador propone durante los entrenamientos, pueden ser agrupadas en función de los objetivos de los jugadores para la tarea (Solana, 2007):

- Tareas cooperativas: Los participantes logran su objetivo en la medida que los demás logran también el suyo.
- Tareas competitivas: Un participante logra su objetivo en la medida que los otros o el otro no lo consigue.
- Tareas individuales: No hay ninguna relación entre el objetivo que pretende lograr cada participante.

Para conocer mejor los diferentes tipos de tareas, podemos poner un ejemplo de cada uno de ellas. Primeramente debemos tomar un objetivo de aprendizaje de la iniciación que queramos trabajar; para nuestro ejemplo, buscaremos que el jugador sepa devolver la pelota al campo contrario para poder mantener un intercambio de golpes largo. Para trabajarlo, podemos adoptar:

- Enfoque individualista: Proponer un juego en el que cuando el jugador consigue realizar el nivel 1 (6 golpes derechas seguidas sin fallar), pasa al siguiente nivel (6 de revés).
- Enfoque competitivo: Un ejercicio en el que el primer jugador que logre hacer 6 derechas sin fallar diga STOP, ha ganado y se pasa al segundo ejercicio, que es lo mismo pero de revés.
- Enfoque cooperativo: Podemos trabajar igualmente el control de pelota utilizando una tarea cooperativa. Para hacerlo, se puede decir a todo el grupo que cada jugador tiene 5 intentos, en los que se ha de intentar realizar un intercambio de golpes de derecha lo más largo posible. Luego, se anota el mejor intento realizado de cada uno ellos, siendo el objetivo que la suma de todas las puntuaciones de todos jugadores sea superior a 30. Cuando el grupo lo logra, se pasa a hacer lo mismo con el revés.

Como hemos visto en estos sencillos ejemplos, trabajar un objetivo determinado en forma de juego cooperativo, competitivo o individualista, es solamente cuestión de cambiar el objetivo del jugador.

> La investigación ha demostrado que las tareas cooperativas favorecen, entre otros aprendizajes, a que se establezcan buenas relaciones entre los compañeros, atención, respeto, sentimientos de ayuda, la alegría, la motivación o el compañerismo. Pero además se ha visto que hacen aumentar el nivel de las habilidades físicas, cognitivas, motrices y técnicas de los practicantes. Es por ello que utilizar, en la iniciación al tenis de mesa, actividades cooperativas favorece las interacciones entre jugadores que permiten aumentar y mejorar la calidad de la enseñanza.

9.4. DEBATES DURANTE EL ENTRENAMIENTO

La mayoría de entrenadores queremos aprovechar al máximo el tiempo entrenamiento, poder hacer todas las actividades que teníamos planificadas y que cada sesión sea lo más productiva y dinámica posible. Sin embargo, cuando los jugadores no están concentrados, ¿hace falta seguir una sesión de entrenamiento que sólo servirá para aburrir, hacer de forma inadecuada las tareas propuestas y aprender de forma incorrecta? Cuando se dan estas circunstancias, tal vez sea interesante utilizar el tiempo de entrenamiento, que sería tiempo perdido si continuamos con la sesión planificada, para mejorar las capacidades de reflexión y de autoconocimiento de los jugadores. En estos casos, puede ser muy productivo detener el entrenamiento y hacer un debate.

Los debates no son únicamente una herramienta para cuando el entrenamiento está aburrido y saliendo mal. Los debates pueden estar planificaos ya de antemano o aprovechar y aprender de algunas situaciones que surgen espontáneamente durante el entrenamiento, como por ejemplo una mala actitud, un conflicto entre dos jugadores, *fair play*, mala gestión de la frustración por perder, analizar las diferentes decisiones tomadas durante un juego, profundizar sobre un aspecto de la técnica, etc.

En el caso de debates planificados de antemano, a veces puede ser interesante utilizar como herramienta el visionado de videos, ya sea de tenis de mesa o de otros temas, como estímulo para introducir el tema. Por ejemplo, si queremos que los debutantes conozcan y empiecen a hablar de tenis de mesa entre ellos, podemos preparar un pequeño video de "puntos espectaculares" de jugadores de élite, y arrancar el debate preguntándoles por el punto que más les ha gustado (y que digan el porqué), o qué cosa les ha llamado la atención, o cuantas empuñaduras de la pala diferentes han visto en el video, o…

¿Cómo organizar un debate?

Puig y Martin (2000), en su libro la educación moral en la escuela nos proponen una metodología para poder dirigir debates en el aula.

El debate como actividad dentro de la sesión del entrenamiento, pueden aparecer diferentes opiniones o discrepancias. La dificultad de elegir una solución exige una reflexión y un análisis de los valores propios de los jugadores. Es gracias a la discusión con otros compañeros y/o con el entrenador, que el niño irá desarrollando su juicio. Para hacerlo, se puede seguir la siguiente estructura:

1) **Afrontar el tema de debate:**
   a. Presentación del dilema mediante exposición de un caso, videos, textos, imágenes o dibujos.
   b. Garantizar la comprensión del tema de debate haciendo preguntas al grupo sobre el contenido.
2) **Toma de posición:**
   a. Toma de posición individual frente al dilema.
   b. Razonamiento que justifique la opción elegida.
   c. Intervenir para argumentar la propia posición.
3) **Discusión en grupos reducidos:**
   a. Expresión de la propia opinión y escucha de las diferentes posiciones.

> b. Producir y examinar razones que justifiquen cada una de las posiciones.
>
> c. Búsqueda de posibles alternativas al tema de debate.
>
> **4) Debate general**:
>
> a. Puesta en común del trabajo en los grupos reducidos.
>
> b. Introducir aspectos no observados por los grupos.
>
> c. Calcular las consecuencias de cada opción.
>
> d. Transferencia a situaciones cuotidianas.
>
> **5) Toma de posición individual**:
>
> a. Reflejar por escrito la situación individual, señalando argumentos que la justifiquen y haciendo constar si ha habido cambios entre el punto de vista inicial y lo que se ha adoptado al final en el grupo clase.
>
> Durante el debate, es aconsejable que el entrenador trate de fomentar el espíritu crítico y la autonomía en los participantes y crear un clima de confianza y respeto para que todos puedan opinar sobre lo que ellos creen. El entrenador debe estar activo en la dinámica del debate, despertar el inconformismo ante las soluciones que pudieran ser parciales o desequilibradas, así como favorecer la duda y preguntar a los jugadores para estimularles a pensar.

9.5. TUTORÍA ENTRE IGUALES

La tutoría entre iguales se refiere a que un jugador con un dominio mayor en algún aspecto, considerado "experto" en un tema concreto, ayude, corrige o enseñe a los más "novatos". Estas prácticas pueden mejorar la autoestima de los jugadores, la cohesión del grupo, la integración de los nuevos, el compañerismo, o la capacidad de reflexión, explicación y comprensión.

Para ello, es necesario que los jugadores que ejerzan de "tutores" tengan un buen grado de madurez, liderazgo y conocimiento suficientes para aplicar estas *microenseñanzas* (aunque es positivo que todos los alumnos tengan la experiencia de ser "entrenadores por un día"). Por otro lado, es importante controlar que no se alargue mucho en el tiempo, ya que el jugador hace de entrenador... ¡también quiere jugar!

Estas actividades son una herramienta más que tiene el entrenador cuando prepara el entrenamiento, poder adaptarlo mejor a la heterogeneidad del grupo y variar el tipo de sesión. Son muchos los contenidos de la iniciación que pueden ser trabajados aplicando la tutoría entre iguales, como por ejemplo enseñar un servicio, explicar la empuñadura de la pala, la demostración de cómo hacer un ejercicio de calentamiento físico, etc.

9.6. LOS SPARRINGS

El tenis de mesa requiere, la gran mayoría de veces, de alguien con quien jugar; que haya otro delante de nosotros que nos devuelva la pelota. Poder entrenar con un compañero de mayor nivel (sparring) es positivo en la iniciación, tecnificación y alto rendimiento. En el caso concreto de la iniciación, la necesidad de tener un buen sparring viene dada, principalmente, por el hecho de que los debutantes tienen muy poca capacidad de mantener un intercambio estable, poco control de pelota, y dificultad para seguir unas consignas de colocación o velocidad determinadas. Para tener mayor calidad de entrenamiento, disponer de sparrings es una herramienta muy interesante. Será labor del entrenador poder gestionar, negociar y buscar estas colaboraciones en función de las posibilidades de cada contexto.

El sparring es un jugador, por lo que su figura puede verse como una tutoría entre iguales, aunque con algunas diferencias ya que no suele ser un compañero más del grupo de entrenamiento. Su figura está entre el entrenador y los jugadores, y es por ello que el sparring debe tener claro que tiene una responsabilidad más allá de devolver bien la pelota. En muchos casos puede ser un referente para los jugadores a los que ayuda, y esto puede ser fuente de aprendizaje también por "imitación" (como se ha visto en el capítulo 2, la imitación es una fuente de aprendizaje tanto técnico como actitudinal). En este sentido, el entrenador deberá intervenir para corregir y animar las buenas prácticas del jugador que hace de sparring, para que su actitud, su *savoir-faire*, sus consejos, experiencia y conocimiento sean una fuente más de aprendizaje positivo.

9.7. REFERENCIAS

Puig, J.M., & Martín, X. (1998). La educación moral en la escuela. Teoría y práctica. Edebé (cat.), 2000. Pág. 143.

Solana, A. (2007). Aprendizaje cooperativo en las clases de educación física. Sevilla: Wanceulen

Capítulo **10**
EL ENTRENAMIENTO DE INICIACIÓN

Aitor Puig, David Soler, Eduardo Lázaro y Óscar Roitman

"Enseñar no es transferir conocimiento, sino crear las posibilidades para su producción o su construcción"
Paulo Freire

10.1. OBJETIVOS DEL MÓDULO

- Reflexionar sobre la importancia y beneficios educativos del juego y del factor lúdico como medio de entrenamiento durante la iniciación.
- Conocer la metodología del descubrimiento guiado y la resolución de problemas como herramientas para generar espacios de creatividad y exploración a partir del juego.
- Reflexionar sobre las problemáticas, responsabilidades y tareas que nos encontramos en la sesión de entrenamiento con jugadores de iniciación.
- Conocer las partes y enseñar a construir una sesión de entrenamiento de iniciación.
- Dar las pautas para crear actividades y juegos para el entrenamiento de iniciación.
- Presentar herramientas que ayuden a mejorar el clima motivacional de la sesión de entrenamiento.

10.2. LA CONSTRUCCIÓN DEL JUGADOR

La función de los entrenadores es plantear problemas y situaciones para que el niño vaya modificando sus esquemas de actuación habituales (no solo a nivel técnico, sino a todos los niveles). Es por ello que debemos procurar crear un ambiente que ayude al niño a interesarse por explorarlo. Estimular al niño de manera adecuada implica diseñar tareas que no sean ni demasiado fáciles ni demasiado difíciles para el niño/a, que le resulten interesantes, que le hagan plantearse cosas y modificar sus esquemas partiendo de los que ya tiene.

El jugador construye su motricidad interaccionando con las diversas actividades en las que participa. Dicho en otras palabras, se aprende practicando (ya sea en juego libre, compitiendo, entrenando, etc.), y este aprendizaje puede ser mayor o menor, más o menos positivo, más o menos rápido, más o menos óptimo, y genera unas emociones que pueden tener diferentes signos.

Para lograr un mismo objetivo, como por ejemplo enseñar un golpe técnico, podemos tomar diferentes rutas educativas. El camino para llegar a una meta no sólo influye en el tiempo necesario para lograrla, sino que determina su adaptación a las características individuales de cada jugador, a la transferencia de lo aprendido al "juego real", a la posibilidad que puedan emerger otras cualidades durante el proceso (como por ejemplo la toma de decisiones o la creatividad), y a las emociones generadas (bienestar, autoconfianza y alegría, o frustración y desmotivación).

A continuación desarrollaremos una propuesta para la iniciación basada en el juego que promueva el aprendizaje y el entusiasmo, ya que *"cuanto más fomentemos la exploración y el juego en nuestra enseñanza, con mayor facilidad se interesarán los cerebros de nuestros alumnos en el aprendizaje"* (Cozolino, 2019). Una propuesta lúdica a partir de la exploración, la libertad y la creatividad, que permita la socialización de los practicantes, construir bien todos los fundamentos del juego, y que asegure que los debutantes se lo pasen bien aprendiendo y quieran seguir vinculados al deporte.

10.3. METODOLOGÍA DEL ENTRENAMIENTO PARA LA INICIACIÓN

"¿Qué es lo primero que hacen los niños cuando les dejan tranquilos? Se pregunta el pedagogo francés Stern (2019): *"¡Jugar! Sin rival a la hora de alcanzar todas las competencias útiles para el desarrollo humano: la creatividad, la cooperación, la autonomía, la estrategia, la eficacia, la empatía, la observación..."*. Entonces, ¿por qué interrumpimos siempre al niño cuando juega?"

La doctora e investigadora Parris (2017) concluye *"jugar ha demostrado tener muchos beneficios para el cerebro porque no solo compromete al niño en actividades que promueven el Desarrollo cognitivo (por ejemplo, resolución de problemas, colaboración, flexibilidad mental, creatividad) sino que también elimina barreras al desarrollo cognitivo (por ejemplo, miedo, ansiedad, estrés). Además, el juego promueve el desarrollo de un amplio rango de habilidades sociales, como la auto regulación, escuchar, negociar, pensamiento independiente, etc."*

10.3.1. El juego libre

Lo que afirma el pedagogo francés Stern (2019), es de una cotidianeidad abrumador, sobre todo en los más pequeños. Si el entrenador les da un espacio de "libertad", éstos harán cualquier cosa menos jugar al deporte formal y reglado. El tenis de mesa, con su gran complejidad técnica está lleno de normas que aleja al jugador de su naturaleza y cuando tiene la oportunidad, escapa hacia el disfrute informal.

> Es común, en las salas de entrenamiento, escuchar decir al entrenador, "basta de jugar, ahora a entrenar". El divorcio entre estas dos opciones existe desde siempre: o jugar o entrenar, no las dos cosas.

Hoy en día hay un cambio marcado de ese paradigma que lentamente avanza. Ahora se busca **jugar mientras se entrena**. La neurociencia está jugando un rol fundamental en este cambio. La doctora Purvis (2019), de la Universidad de Texas dice *"científicos han determinado recientemente que se necesita aproximadamente 400 repeticiones para crear una nueva sinopsis en el cerebro. A no ser que se haga a través del juego, en cuyo caso se necesitan entre 10 y 20 repeticiones"*. Esto, sumado a que ahora se sabe que si hay disfrute hay aprendizaje, motivación e interés. El disfrute, la diversión, es la clave en este cambio de modelo que va creciendo.

Según nos indican las investigaciones antes mencionadas, en el juego, el jugador (que es el que juega), además de centrarse y motivarse en la actividad que lo atrapa, al estar "libre" de reglas explora, se enfoca en el proceso y no en el resultado, y que esa exploración de respuestas lo hace creativo evaluando diferentes tácticas (toma de decisión) y estrategias (planes) para lograr el cometido. Y lo más importante, es que el niño o niña siente que tiene control sobre sí mismo, que es precisamente de lo que el entrenador lo suele privar al dar constantes indicaciones sobre qué hacer o no hacer, privando a los jugadores ser una parte activa en el proceso y meros reproductores de indicaciones.

10.3.2 El juego en el entrenamiento

¿Es posible el juego "libre" en el tenis de mesa? Desde el momento que le ponemos una raqueta en la mano al que empieza a jugar, y le damos una pelota de un tamaño determinado ya estamos poniendo límites. Unos límites que irán creciendo cuando se imponen ejercicios y reglas técnicas, necesarias en un deporte muy complejo técnicamente; ya que si dejamos que el jugador explore por sí mismo la empuñadura de la raqueta o la técnica lo hará, indefectiblemente, de una manera defectuosa.

Dentro del límite que el propio deporte impone, ¿puede haber un espacio de exploración, de "libertad", de creatividad? Claro que sí, y aquí está el gran desafío y el cambio de paradigma que hemos mencionado anteriormente: **entrena mientras juegues, juga mientras entrenes**.

Ese espacio tiene que generarse por medio del juego libre y el juego estructurado lúdico orientado a la técnica específica, a la vez que se utiliza la metodología de enseñanza de **descubrimiento guiado** en niveles iniciales, y la **resolución de problema** en niveles avanzados.

10.3.3. Descubrimiento guiado

- Se propone una tarea para que el alumno/a descubra.
- El profesor/a guía a la consecución de los objetivos, pero nunca da la solución.
- Hay que tener en cuenta que, como dice Piaget (1946), el hecho de que el alumno obtenga una respuesta que le pertenece por haberla descubierto él mismo, refleja una dimensión especial en la internalización de los datos.
- Siempre que enseñes, enseña a dudar de lo que estás enseñando.
- El entrenador dará pistas, y pasará a la siguiente cuando la respuesta anterior sea correcta.

Si hay varias respuestas posibles, se dará un indicio para que los alumnos/as se decidan por una. Por ejemplo, para jugar una pelota profunda plana:

- Entrenador: ¿Sabéis que significa una pelota profunda?
- Jugador/a: cuando la pelota bota cerca de la línea de fondo, lejos de la red.

- E: Para jugar una pelota profunda ¿Hay que hacer movimientos cortos o movimientos amplios?
- J: movimientos amplios
- E: las piernas, ¿tienen que estar flexionada o erguidas?
- J: flexionadas:
- E: los hombros ¿deben girar al golpear la pelota o deben mantenerse quietos?
- J: deben girar
- E: el movimiento del brazo ¿debe ser corto o largo?
- J: largo.

El jugador/a debe tener la posibilidad de equivocarse y probar su teoría en caso que no responda correctamente. Si dice que hay que jugar con las piernas extendidas hay que **darle la posibilidad de que demuestre su teoría para que luego la pueda corregir por sí mismo.**

10.3.4. Resolución de problemas

- Se plantean problemas en los que hay varias soluciones.
- Se trabaja, igual que en el estilo anterior, la disonancia cognitiva.
- El grado de libertad y participación individual es casi completo.
- El alumno/a se motiva por el descubrimiento de "nuevas" soluciones.

10.4. LA SESIÓN DE INICIACIÓN CON NIÑOS Y JÓVENES

En este apartado vamos a plasmar cuales son las opciones, problemáticas, responsabilidades y tareas que nos podemos encontrar en la fase de iniciación y para ello, plantearemos recursos que pueden ser útiles en esta importante parte de la formación de deportistas.

A grandes rasgos, podemos dividir una sesión de entrenamiento de tenis de mesa en dos tipos. El primer tipo es el entrenamiento con un grupo que es capaz de mantener la pelota sobre la mesa, darle dirección, que haya un jugador que sepa cortar y bloquear y otro que sepa hacer topspin. Este grupo de entreno es capaz de realizar una sesión correcta, eficiente y productiva sin la necesidad de entrenar con alguien de nivel superior o haciendo multibolas. Este tipo de grupos formarían parte de la fase de tecnificación. El segundo tipo es el de un grupo con jugadores que prácticamente no pueden entrenar entre ellos, ya sea por edad o por nivel, y que necesitan una ayuda externa (robot, sparring, entrenador) para poder jugar y no sentir una frustración creciente durante el entrenamiento por sus constantes fallos y los de su compañero o compañera.

En la etapa de iniciación nos podemos encontrar con situaciones muy comunes y repetidas como el no saber tocar la pelota, no controlar la fuerza del golpe o no saber diferenciar los golpes de derecha del de revés. Todo esto hace que dos alumnos que vienen por primer día, van a estar más tiempo recogiendo pelotas del suelo que jugando y eso no nos va ayudar en nuestra misión como formadores. Esta etapa es muy importante en la formación de jugadores y jugadoras y tiene que alejarse al máximo de esa frustración, ya que puede acabar en aburrimiento y en abandono del deporte.

> Como entrenadores/as y formadores/as tenemos que hacer todo lo posible para que nuestros jugadores quieran aprender y será muy complicado si no hay un factor lúdico en el método del entrenamiento.

Si pensamos en grandes deportistas como Roger Federer, Ronaldinho o Timo Boll, hay un detalle común entre ellos que nos hace recordar que esto se trata de un juego y cuanto más te diviertas tú practicándolo y más te diviertas jugando con tus rivales, mejor será la experiencia. Si no sabéis de qué hablamos, intentad ver videos de deportistas que consiguen sonreír en momentos de tensión o de mucha presión. Y, ¿qué mejor momento para inculcar esa actitud que en los entrenos de iniciación?

A nivel práctico, en la sala de entreno, crear situaciones más sencillas, con objetivos claros para ir aprendiendo los aspectos básicos del tenis de mesa, poniendo énfasis en la parte lúdica del juego, será nuestro trabajo en la iniciación.

Tenemos que tener cuidado con un aspecto. Nuestra profesión y experiencia (y la mayoría de ocasiones nuestro ego) nos puede hacer creer que estamos siempre preparados para crear las actividades perfectas para que un niño aprenda y se lo pase bien, pero no hay que olvidar que muchas veces, quién mejor conoce la manera de disfrutar, son los propios niños y niñas y casi nunca dejamos que tengan ellos la iniciativa. En algunos grupos, crear dinámicas democráticas puede ser complicado, por la edad media del mismo, así que periódicamente, es recomendable promover el juego o tiempo libre, para hacer crecer la autonomía y la imaginación de nuestros deportistas, mientras hacen el juego que ellos hayan elegido.

En fase de iniciación, nos podemos intentar comparar con algunas de las potencias mundiales (China, Japón, Alemania), donde por cultura o por costumbre, los practicantes empiezan desde más pequeños y tienen un volumen de entreno muy superior al que podamos tener con nuestro grupo de entrenamiento. Es recomendable usar la técnica, ejercicios y actividades que usan estos países, pero tenemos que tener claro que haciendo lo mismo, con menos horas de entrenamiento, difícilmente podremos llegar a su nivel, por lo tanto, buscar otras rutas y otros métodos puede ser una solución para paliar las desigualdades implícitas a las que nos enfrentamos. Uno de nuestros objetivos es que el jugador aprenda a base de diferentes actividades, qué tiene que hacer y cuando lo tiene que hacer, en función de la pelota que le llega, y no tanto el cómo tiene que hacerlo.

Un ejemplo de esto, lo cuenta el mismo André Agassi en su biografía llamada "Open". De pequeño él tenía un robot que tiraba pelotas en casa. Las únicas instrucciones que le daba su padre, que por aquel entonces también era su entrenador, era que la pelota no podía quedarse en la red. Esta misma historia tiene una connotación negativa, que es la emocional. Agassi habla del robot como un dragón terrible que rugía cuando lanzaba las pelotas. Eso le hacía estar aterrado, pero si no cumplía con su entrenamiento, su padre era capaz de perseguirle por la casa con la raqueta en la mano. Agassi llegó a ser un tenista excepcional, pero odiaba el tenis desde pequeño. Se puede pensar que la discutible metodología autoritaria del padre funcionó, pero siempre quedará la duda de si Agassi hubiera podido llegar aún más lejos si hubiera amado el tenis.

Si nos centramos únicamente en la técnica (el cómo), y le enseñamos que el movimiento va desde el lado del cuerpo, con la pala inclinada de determinada forma y que el golpe termina con la pala delante de la cara, el golpe solo será certero cuando la pelota le llegue con las mismas características que la que les estemos tirando nosotros. Entonces, podemos estar cayendo en el error de automatizar un movimiento que será efectivo en un porcentaje muy bajo de ocasiones.

Si nos centramos más en mirar la pelota, en la toma de decisiones, el objetivo de nuestro golpe y en la plasticidad técnica del jugador en función de la pelota que le llegue, probablemente crearemos un jugador a la larga mucho más competitivo. Con esto no queremos decir que la repetición no sea necesaria. Lo es, y mucho, pero con un sentido técnico y táctico más global para que nuestro deportista sea consciente del mismo. Tienen que entender el efecto, las diferentes trayectorias de la pelota, la profundidad. También deben ver que el golpe a realizar tiene que ser distinto si la pelota viene rápida o lenta, ya que hay veces que no hay tiempo de armar el golpe y prácticamente solo podemos "poner la pala" y en otras, tenemos todo el tiempo y el espacio del mundo y podremos aprovechar para hacer un golpe definitivo con la ayuda de todo el cuerpo.

Un ejemplo claro de plasticidad y adaptabilidad lo era Jan Ove Waldner y en la actualidad, jugadores como Tomokazu Harimoto, Koki Niwa, Simon Gauzy, Dimitrij Ovtcharov demuestran constantemente ser capaces de tener múltiples recursos a la hora de golpear la pelota con distintos efectos, cambiando los ritmos constantemente y jugando con otros factores como la colocación y la altura de la pelota.

Para poder tener otro ejemplo, que todavía es más claro, podéis ver videos del tenista Roger Federer. A pesar de tener una técnica perfecta, puede golpear la pelota de una infinidad de formas distintas. ¿Es talento innato? ¿O eso se puede entrenar y mejorar? Creemos que cada uno tiene su estilo y capacidad, pero es evidente que todo se puede entrenar.

10.4.1. ¿Cómo crear una actividad?

10.4.1.1 Objetivos de la actividad

Las actividades o ejercicios en el tenis de mesa tienen que tener varias funciones claras:

- Tener relación con el deporte, teniendo en cuenta que pueden ser generales (coordinación, psicomotricidad) o muy específicos (darle efecto liftado a la pelota)
- Adaptarse en dificultad al nivel de los/as deportistas. Tareas muy sencillas serán poco motivadoras y actividades muy complejas pueden crear demasiada frustración.
- Tener una parte lúdica. Es importante que en las fases de iniciación del aprendizaje, la diversión sea un elemento básico para que los niños y niñas cojan afición con cualquier actividad.
- Tener presente el principio de confrontación. No es necesario que todos los juegos sean competitivos, donde el que mejor lo hace siempre gane y que el que peor lo hace quede eliminado. Se pueden elaborar juegos colaborativos, con *handycaps* para que haya más igualdad, pero un juego donde los alumnos tengan vidas, puedan sumar puntos o tengan que llegar a un objetivo, siempre será más motivador.
- Hay que tener en cuenta, que en la etapa de formación, una de las cosas que más nos interesan es que nuestros deportistas practiquen. Crear actividades donde se elimina primero a los que más les cuesta, no ayudarán a que estos deportistas mejoren. Podemos conseguir

que se motiven para no volver a quedar últimos, pero ya tendremos tiempo de hacerlo en etapas posteriores del aprendizaje.

10.4.1.2 Guía para elaborar una actividad

Para poder elaborar un juego, podemos seguir la siguiente guía:

1. **Definir el objetivo** del juego en función de los ejes de trabajo y la variable que queremos mejorar. Las instrucciones tienen que ser sencillas y precisas. Si le echamos **imaginación**, podemos trabajar diferentes aspectos del juego de mil maneras distintas.
2. Aislar elementos que permitan al jugador o jugadora centrarse en ese objetivo concreto. Se trata de **facilitar** la tarea a una persona que acaba de iniciarse en este deporte.
3. Alterar la normativa específica del deporte.
    a. Cambios físicos o de elemento (jugar fuera de la mesa, con globos, con pelotas de espuma, raquetas más grandes, sin gomas...)
    b. Cambios en la forma de puntuar
    c. Cambios del orden del juego (poder tocar la pelota dos veces, sin botes, con botes en el suelo...)
4. Definir puntuaciones, vidas, metas que le den una **connotación competitiva** a la actividad.
5. Ser **creativos**. A todos nos aburre la rutina y la monotonía. Y a los niños más. Cuanto más creativos seamos, menos sensación tendrán los niños de que estemos trabajando algo de forma repetitiva.
6. **¡Ponle un nombre al juego!** Todos conocemos el escondite y el pilla-pilla. Tener una referencia clara y al poder ser representativa del juego, nos facilitará mucho la comunicación con nuestro grupo de jugadores.
7. Y como dice Albert Martín-Barrero en las conclusiones del capítulo 2: "sobre todo, sé un maestro sin miedo a jugar: **jugar es parte vital** de la vida y una herramienta irremplazable en la formación del deportista".

10.4.1.3 ¿Cuánto debe durar una actividad?

Es evidente que un buen entrenador debe llevar la sesión programada con los objetivos a trabajar y la distribución de los mismos en el tiempo que dura la sesión. Pero muchas veces nos empeñamos en llevar a cabo actividades que pueden no funcionar y debemos ser capaces de apreciarlo. Si una actividad no funciona (porque es repetitiva, porque no es motivadora o porque no es divertida), hay que hacer autocrítica y pararla aunque rompa nuestra planificación.

En grupos de entrenamiento de tecnificación es habitual ver una sesión estructurada en ejercicios que duran 8 o 10 minutos donde uno "hace" el ejercicio y el otro solo bloquea. Esos ejercicios pueden ser buenos para buscar repetición, intensidad o coger el toque, pero si los convertimos en el esqueleto completo del entrenamiento, es probable que acaben perdiendo el sentido.

La mejor actividad es la que mejor funciona. A veces, el ejercicio más simple y con menos artificios, puede ser el más útil y el más divertido. Todo dependerá de la actitud del grupo de deportistas y del momento determinado de realización. Lo que funciona un día, puede que no lo haga otro día, no por ello tenemos que dejar de intentarlo.

En el Anexo 1, encontraréis fichas de juegos para el entrenamiento de iniciación

10.4.2 Partes de la sesión de entrenamiento

Dividiremos la sesión en diferentes partes, y los objetivos cambiarán en función de la parte correspondiente.

Partes de la sesión
Calentamiento
Juegos de activación
Trabajo de coordinación y psicomotricidad
Preparar el cuerpo para la parte principal
Parte principal
Trabajo de control pala y pelota fuera de la mesa
Ejercicios en la mesa
Trabajo de multibolas
Ejercicios y juegos competitivos
Vuelta a la calma
Evaluación de la sesión
Estiramientos y relajación

Todos más o menos conocemos y compartimos el concepto teórico de las partes de la sesión, pero ¿sabemos llevar la teoría a la práctica?

Evidentemente, si tu grupo es homogéneo, eso es pan comido, pero ¿qué podemos hacer si tenemos un grupo formado por niños y niñas de distintas edades, capacidades, talento, nivel e incluso de distinta motivación?

En una estructura de club donde se da la bienvenida a todos aquellos nuevos practicantes mientras quepan en la sala, nuestra misión será el repartirnos para poder atender a todos por igual. O al menos así debería ser. Por desgracia, no todos los clubes pueden contar con una estructura técnica que garantice un entrenador/sparring para cada dos o cuatro alumnos, como puede pasar en escuelas o clubs asiáticos y que todos los entrenadores soñamos.

Cuando la situación real no se corresponde con la idílica, podemos encontrar recursos en diferentes sistemas de entrenamiento que nos van a permitir llevar a cabo nuestras sesiones de una forma más eficiente.

10.4.2.1 El Calentamiento

En el **calentamiento y la activación**, nuestro objetivo será el de poner el cuerpo a tono a nivel físico y mental, para que el trabajo en la sesión sea correcto. Es una buena opción trabajar también la psicomotricidad, la coordinación general y aspectos físicos como la velocidad o la posición de base correcta.

En iniciación también está el objetivo formativo de enseñar la importancia de un buen calentamiento a la hora de hacer cualquier actividad física.

Si tenemos un grupo de niños y niñas de 6 a 8 años por ejemplo, podemos inculcarles la importancia de un buen calentamiento y la mejor manera será el hacerlo de forma lúdica, ya que a esas edades, realmente no necesitan un calentamiento profesional.

Podemos usar juegos tradicionales de oposición y persecución e ir añadiéndoles elementos del tenis de mesa como el desplazamiento lateral o incluir pala y pelota en los juegos para que se vayan familiarizando de forma activa.

A medida que el grupo avance y vaya creciendo, deberemos ir introduciendo elementos más específicos del calentamiento correcto, pero los juegos nunca sobran!

Otro factor importante del calentamiento, es que es la actividad que marca el inicio de la sesión y eso resulta óptimo para trabajar uno de los valores más importantes a nivel de sociedad: la puntualidad. Nosotros, como referentes que somos, no tenemos que llegar puntuales, tenemos que llegar antes para poder preparar el material necesario para empezar la sesión.

10.4.2.2 La parte principal

En la **parte principal** es donde estarán la mayoría de contenidos de aprendizaje técnico y de juego. Ocupará la mayor parte de la sesión de trabajo y la podemos dividir en diferentes maneras de trabajo.

En esta etapa, si tenemos la suerte de trabajar con menores, tenemos que tener en cuenta que su capacidad de consolidar nuevos aprendizajes es muy alta, porque son como esponjas, nos interesa que adquieran el mayor número de recursos, habilidades y destreza posibles. Tenemos que ser cuidadosos con la técnica, pero no podemos olvidar que los jugadores que son capaces de adaptar constantemente su técnica a la pelota que reciben, son los que luego quedarán campeones. Aquel que tiene una técnica gestual perfecta, pero que no es capaz de interpretar las variables de la pelota, difícilmente ni llegará a disfrutar en una competición.

Una parte, que podría considerarse dentro de la parte principal, es la parte competitiva, aunque creemos que merece mención especial. Será divertido y muy práctico acabar las sesiones con juegos competitivos (no tienen que ser siempre partidos convencionales) para poder aplicar lo aprendido durante la sesión de entrenamiento y a la vez acostumbrar a los deportistas al juego de oposición.

Ejercicios en la mesa:

Como ya hemos comentado antes, los juegos en la mesa entre dos niños o niñas que se inician, puede ser muy complicado.

Necesitan de un jugador de más nivel para poder encadenar más de dos golpes seguidos y no siempre tendremos la disponibilidad de este tipo de sparrings, pero hay alternativas.

Las ruedas son siempre un buen recurso, como el juego libre contando puntos, que eso siempre les motiva y es un buen recurso para iniciarles en el juego de confrontación

Otra opción es la de buscar que el peloteo sea más sencillo, jugando en el lateral de la mesa para que el control sea más sencillo, quitar la red para aislar un obstáculo o usar pelotas más grandes para que el contacto sea más sencillo.

Lo que más nos interesa en este tipo de ejercicios es que se vayan familiarizando de forma directa con el juego específico.

Una de estas partes del juego específico es el saque, que podemos trabajar facilitando con objetos la zona donde debe botar la pelota en nuestro propio campo en función del tipo de saque que queramos hacer, marcar la trayectoria de un efecto deseado y no podemos olvidar enseñar cómo realizar un saque legal.

Fuera de la mesa:

Hacer juegos fuera de la mesa en la parte principal del entreno puede facilitar aprendizajes básicos como el control de la pelota con la pala, entender mejor las trayectorias y empezar a trabajar la producción de efecto y ver qué hace la pelota con más facilidad.

Aislar la mesa como elemento nos ofrece un sinfín de posibilidades en la iniciación. Nos podremos centrar en mejorar el trabajo pala/pelota y también es necesario dedicarle mucho tiempo a la postura corporal, la actitud dinámica y enseñar los desplazamientos básicos con ejercicios como las sombras.

Trabajo por estaciones:

El trabajo por estaciones nos ofrece una organización y una variación en la sesión de entrenamiento muy útil en esta fase de aprendizaje.

Imaginemos la siguiente situación

Entrenamiento: 8 jugadores / 1 entrenador

Mesas: 4

Errores comunes:

1.- Querer entrenar con los 8 jugadores a la vez. En múltiples ocasiones nos empeñamos en querer ser el centro del entrenamiento y si entrenamos con más de dos o tres niños en una misma mesa, el tiempo que pasarán parados será muy superior al de trabajo.

2.- Centrarnos en uno o dos jugadores, y a los demás dejarles jugar libre o haciendo algún ejercicio simple. Claro está que los que están con nosotros están entrenando al máximo, pero el resto no está atendido, es posible que estén realizando el ejercicio mal y lo peor, es probable que se aburran pronto. Podemos ir rotando y que vayan pasando por turnos por nuestra mesa, pero al final del entreno, habrán "aprovechado" solo una cuarta parte de la sesión.

Una posible solución es la de escoger el rol de director de sala. Organizar un trabajo por estaciones que tenga a todos los jugadores trabajando con un objetivo durante toda la sesión y donde nosotros tenemos la capacidad de atenderlos a todos al mismo tiempo.

Propongamos 4 estaciones en este caso, 2 jugadores por estación, uno tira pelotas y su compañero de estación tiene que hacer un golpe o acción determinada.

Estación 1: El jugador A tira pelotas y el jugador B tiene que hacer derecha plana

Estación 2: El jugador A tira pelotas y el jugador B tiene que hacer revés plano

Estación 3: El jugador A tira pelotas y el jugador B tiene que hacer cortada de derecha

Estación 4: El jugador A tira pelotas y el jugador B tiene que hacer cortada de revés.

Todo esto, a priori puede resultar aburrido y repetitivo, pero aquí viene nuestra oportunidad de demostrar nuestra creatividad para convertirlo en un entrenamiento lúdico a la par que productivo.

En función del nivel de nuestros jugadores, el jugador A puede tirar la pelota con la mano y cuando vaya mejorando, con la pala. En cada estación podemos decirle que la tire de un modo distinto: en paralelo, cruzado, con dos botes en forma de saque, con un bote directamente al otro campo y cuando vayan progresando, podemos añadir cambios de ritmo, de profundidad, de colocación e incluso de efecto.

Para que la estación sea competitiva, se pueden contar puntos entre ambos jugadores contando los errores del jugador B en puntos para el jugador A.

Para ir añadiéndole dificultad y variaciones, podemos añadir objetos que hay que tocar para trabajar la concentración y la colocación. Podemos quitar la red para facilitar los golpes los primeros días y luego ir jugando con la altura de la misma red para trabajar las trayectorias, si por ejemplo estamos buscando un topspin seguro.

También podemos añadir puntuaciones para cada jugador y hacer un seguimiento sesión a sesión. Por ejemplo, que en cada estación hagan series de 20 pelotas y que vayan apuntando los aciertos. Cuando veamos que un jugador llega a 20 aciertos de 20 pelotas, tal vez será el momento de complicar la actividad.

Si estos ejercicios, o estilo de entrenamiento, que ofrecen múltiples alternativas se mantienen en el tiempo, tendremos un grupo de jugadores capaces de tirarse multibolas entre ellos y nos facilitará mucho el trabajo en tecnificación.

Multibolas:

Las multibolas son un ejercicio ideal para trabajar en iniciación. Permite que nuestro alumno juegue un gran número de pelotas independientemente de si su golpe es certero o no.

Podemos entrenar la técnica, la velocidad, los efectos y mil variantes más del juego.

Debemos evitar estar en una mesa con más de 4 niños o niñas si no queremos que estén parados la mayor parte del tiempo, pero si no nos queda otro remedio, podemos buscar la solución para que todo el mundo trabaje prácticamente todo el rato.

Imaginemos que tenemos un grupo de 5 jugadores y una sola mesa. Las multibolas serían una opción perfecta, si conseguimos que todos tengan una misión o un objetivo todo el rato.

Imaginemos que tiramos una pelota al revés y una a la derecha sucesivamente al jugador 1. El jugador número 2 puede colocar detrás del jugador y hacer el mismo ejercicio con sombras. Un jugador 3 puede estar en el lado contrario de la mesa intentando coger la pelota con la mano buena, para practicar la habilidad y la capacidad de reacción. El jugador 4 puede estar haciendo algún ejercicio físico como saltar a la cuerda y el 5 puede ser el encargado de recoger pelotas, así cuando el jugador 1 termine su turno, el cambio puede ser mucho más rápido.

Muchos entrenadores asocian las multibolas a la velocidad y a la alta frecuencia de pelotas. Los jugadores profesionales trabajan casi siempre al límite para mejorar su potencia y su capacidad de reacción y reciben pelotas casi siempre por encima de su capacidad real. En iniciación, dar tiempo entre pelotas para poder rectificar o que incluso el mismo niño pueda ver si la pelota ha entrado o no, es clave para no estar automatizando golpes que no son eficaces.

En este tipo de entrenamiento, el uso de referentes visuales, como pueden ser objetos colocados en la mesa, ayudarán que los movimientos de nuestros jugadores se vayan asumiendo de forma más intuitiva si tienen un objetivo al que apuntar.

El trabajo con robot puede ser algo parecido a las multibolas, y a menudo es un elemento muy llamativo para los niños y niñas que se inician en el tenis de mesa. A la larga, puede ser una herramienta muy útil, así que puede ser un buen momento para hacer que se diviertan con el robot y que poco a poco aprendan a trabajar con él. El robot también nos permite estar en el campo del jugador y hacer correcciones mucho más cercanas. También nos permite ver el movimiento de piernas, mientras que si tiramos multibolas es un poco más complicado.

Competición:

Nunca es demasiado pronto para disfrutar del juego de confrontación. Toda la vida nos acompaña y nos divierte, y en la práctica de un deporte no tiene que ser distinto.

Si trabajamos con edades sobre los 5 a 7 años, estaría bien buscar actividades que puedan premiar al mejor, pero deberíamos evitar situaciones que haga que los peores puedan quedar eliminados de una forma muy repentina.

Por poner un ejemplo, si hacemos una rueda competitiva, el más flojo siempre será el primero en quedar eliminado y eso puede ser negativo.

Se pueden hacer puntuaciones con handycap, dando más vidas o más puntos a los que tengan menos nivel, para que el juego sea más igualado y más divertido para todos.

10.4.2.3. La vuelta a la calma

Por último, en la **vuelta a la calma** podemos aprovechar para hacer una valoración de la sesión del entrenamiento, hecho que nos ayudará a ir reforzando los valores que queremos inculcar. Damos por hecho que nuestros jugadores van a aprender de forma casi inconsciente los valores que les exigimos, pero hay que dedicarle tiempo para poder hablar el mismo idioma cuando entremos en fases más exigentes.

En esta parte de la sesión también podremos realizar actividades para reforzar la cohesión de grupo, empezar a enseñar ejercicios de relajación y hacer bien los estiramientos.

10.4.3. Organización de las sesiones

10.4.3.1 Adaptación de la sesión

Una vez tenemos claras las partes de la sesión y cómo podemos construir una, debemos tener en cuenta cómo organizarla.

Al inicio de la sesión podemos explicar uno o varios objetivos y que todas las actividades estén asociadas entre sí. El aprendizaje será mucho más claro y si por ejemplo, se cuantifica con tablas, podremos hacer un seguimiento en las próximas sesiones en las que trabajemos ese mismo objetivo.

La sesión puede variar mucho si trabajamos con grupos de niños y niñas de 5 años, 7 o 9. El consejo es que cuanto más pequeños sean, las actividades sean más enfocadas a la coordinación general, dedicando más tiempo a los juegos del calentamiento o a ejercicios fuera de la mesa, dejando siempre tiempo libre en algún momento de la sesión. Es recomendable que ese tiempo sea hacia el final, ya que si lo hacemos en la mitad y luego queremos hacer otra actividad, es posible que nos cueste recuperar la atención del grupo.

También el tiempo que dedicamos a cada parte es importante. La capacidad de concentración varía mucho en estas edades, incluso en niños y niñas de la misma edad. Si la capacidad de concentración es baja, tendremos que cambiar de juego o ejercicio más a menudo, para que la eficacia sea correcta.

Otra cosa a tener en cuenta es cuanto debe durar una sesión. Si es en un grupo de extraescolar, es posible que no tengamos más de 45 o 55 minutos. En un club, podremos tener horarios un poco más flexibles pero no es recomendable superar las sesiones de 90 minutos si trabajamos con niños y niñas de 5 a 7 años. La duración de una sesión muchas veces vendrá determinada por las capacidades de sala o de horario y hay que sacar el mayor provecho al tiempo y el espacio del que disponemos, adaptándonos a las capacidades del grupo en función de la edad y su capacidad de rendimiento.

Ejemplo de una sesión de iniciación de 90 minutos de duración, para un grupo de 10 jugadores, con 5 mesas.

Sesión de entrenamiento			
Objetivo general		Duración	90'
Trabajar la actitud dinámica		Nivel	Iniciación
		Mesas	5
		Jugadores	10
Objetivos secundarios		Material	
Golpe básico de derecha Cortada de revés		Pelotas Cuerda Cestas	
Calentamiento		Anotaciones	
Duración	Ejercicio	*Que todo el mundo esté activo!*	
10'	Números (añadiendo despl a la derecha y revés)		
5'	Marcianitos		
Parte Principal		Anotaciones	
Duración	Ejercicio	*El entrenador juega en la rueda! En las estaciones, estar pendiente y ayudar al que hace el ejercicio y al que tira pelotas!! En la parte competitiva el entrenador tiene que poner de su parte para que sea más divertida*	
10'	Rueda jugando solo de derecha		
5'	Mini Ping Pong de derecha		
5'	Mini Ping Pong cortando de revés		

25'	Trabajo de estaciones entre ellos
	    5' 1 El portero
	    5' 2 Derecha plana en paralelo
	    5' 3 Derecha plana diagonal
	    5' 4 Cortada de revés en paralelo
	    5' 5 Cortada de revés diagonal		

10'	Rueda por equipos		
10'	Juego libre		
Vuelta a la calma		Anotaciones	
Duración	Ejercicio	*Buscar la participación! Y ser justo con los emoticonos*	
5'	Emoticonos		
5'	Estiramientos		
Observaciones y valoración			
Anotar los juegos que han funcionado mejor. Contabilizar si se puede el número de aciertos de los jugadores en las estaciones para poder tener referencias en entrenamientos próximos. En las estaciones podemos usar cuerdas para que los jugadores tengan referencias visuales para mejorar la puntería			

Ejemplo de una sesión de iniciación de 50 minutos de duración, para un grupo de 10 jugadores, con 2 mesas.

<table>
<tr><td colspan="4" align="center">Sesión de entrenamiento</td></tr>
<tr><td colspan="2" align="center">Objetivo general</td><td>Duración</td><td>50'</td></tr>
<tr><td colspan="2" rowspan="3">Trabajar el juego de oposición</td><td>Nivel</td><td>Iniciación</td></tr>
<tr><td>Mesas</td><td>2</td></tr>
<tr><td>Jugadores</td><td>10</td></tr>
<tr><td colspan="2" align="center">Objetivos secundarios</td><td colspan="2" align="center">Material</td></tr>
<tr><td colspan="2" align="center">Controles básicos pala pelota</td><td colspan="2">Pelotas
Cuerdas</td></tr>
<tr><td colspan="2" align="center">Calentamiento</td><td colspan="2" align="center">Anotaciones</td></tr>
<tr><td>Duración</td><td align="center">Ejercicio</td><td colspan="2" rowspan="3">Vigilar que controlen correctamente la pelota</td></tr>
<tr><td>5'</td><td>Cementerio</td></tr>
<tr><td>5'</td><td>Carreras con pala y pelota</td></tr>
<tr><td colspan="2" align="center">Parte Principal</td><td colspan="2" align="center">Anotaciones</td></tr>
<tr><td>Duración</td><td align="center">Ejercicio</td><td colspan="2" rowspan="5">El entrenador dinamiza las actividades y explica los objetivos y las normas antes de cada ejercicio</td></tr>
<tr><td>5'</td><td>Juego de la Isla haciendo botar la pelota en la pala</td></tr>
<tr><td>10'</td><td>Toques de derecha contra la pared</td></tr>
<tr><td>10'</td><td>Rueda por equipos</td></tr>
<tr><td>10'</td><td>Partidos de dobles
Habrá 5 jugadores en cada mesa.
4 jugadores juegan un punto, y el que falla sale y deja entrar al quinto jugador que esperaba su turno y así hay rotación y cambios de pareja después de cada punto.</td></tr>
<tr><td colspan="2" align="center">Vuelta a la calma</td><td colspan="2" align="center">Anotaciones</td></tr>
<tr><td>Duración</td><td align="center">Ejercicio</td><td colspan="2" rowspan="2">Que todo el mundo colabore</td></tr>
<tr><td>5'</td><td>Recoger material y estiramientos</td></tr>
<tr><td colspan="4" align="center">Observaciones y valoración</td></tr>
<tr><td colspan="4">Al no disponer de mesas para todos, hay que buscar actividades que permitan que todo el mundo esté activo la mayor parte del tiempo, así como otros recursos que sí tengamos al alcance, como mejorar el control jugando con la pared.</td></tr>
</table>

10.4.3.2 La evolución entre sesiones

El nivel de nuestros jugadores irá aumentando si el nivel de las sesiones de entrenamiento aumenta su exigencia progresivamente.

Hay ejercicios muy fáciles de adaptar a medida que un jugador va mejorando, otros ejercicios que serán específicos y que se podrán en los primeros meses de iniciación pero que habrá que evitar en el momento que nuestros jugadores vayan avanzando y habrá que crear nuevas actividades que supongan un reto.

Si por ejemplo tenemos un grupo con el que los lunes decidimos trabajar la cortada, una manera de trabajar a lo largo del tiempo, es tener un control de los aciertos que consiguen en la primera sesión, la segunda, y así progresivamente hasta que ya lleguemos a un acierto prácticamente total.

10.5. EL CLIMA MOTIVACIONAL DURANTE EL ENTRENAMIENTO

No está claro lo que motiva a las personas. Más bien, podemos hablar de lo que motiva a cada persona. De hecho, la motivación se puede definir como el conjunto de variables sociales, ambientales e individuales que determinan la elección de una actividad, la intensidad en la práctica de esa actividad, la persistencia en la tarea y el rendimiento.

Los niños y jóvenes que se inician en un deporte como el tenis de mesa, pueden buscar satisfacción por el propio juego, complacer a sus padres, compartir actividad con amigos, no tener otras opciones,…, la lista podría ser interminable. Lo que está claro es que **el entrenador debe propiciar un clima motivacional que favorezca la consecución de los objetivos marcados.**

Algunos consejos para motivar en la iniciación son los siguientes:

- Proporcionar a los deportistas la oportunidad de experimentar el éxito. Para conseguirlo será necesario plantearles actividades y ejercicios específicos y personalizados.

- Incrementar la percepción de control de los deportistas haciéndoles partícipes del proceso de decisión y dándoles responsabilidades.

- Utilizar el refuerzo positivo y la aprobación frecuentemente.

- Establecer objetivos concretos y alcanzables, pero con un grado de dificultad que impliquen un reto.

- Establecer un programa de entrenamiento entretenido y divertido.

En la base de la motivación puede estar el deseo de hacer y conseguir cosas, así como de obtener la aprobación de uno mismo y de los demás. Esto es lo que resume lo que tenemos que hacer si queremos jóvenes deportistas motivados: logro y reconocimiento, en un ambiente agradable y gratificante.

Los entrenadores tienen muchas ocasiones para reforzar a los jugadores. Por ejemplo cuando realizan correctamente ejercicios y mantienen la concentración. También, cuando se esfuerzan y ponen interés. O cuando se comunican con fluidez y manifiestan sus dificultades, sus intereses y sus opiniones. En muchos casos pueden tener conductas de colaboración espontánea o ser creativos en sus propuestas. Y muy importante, reforzar las conductas de autocontrol en situaciones difíciles para el jugador. Éstas y otras muchas oportunidades para reforzar al joven deportista deben ser aprovechadas por el entrenador que quiere motivar.

Puede haber muchos más factores interesantes sobre la motivación de jóvenes deportistas, pero quizás en la iniciación lo fundamental es generar un **ambiente agradable en el que predomine el buen humor, la sonrisa, sin gritos y gestos de rechazo. Si hay gritos que sean de ánimo, con optimismo**. En general, hacer del deporte algo divertido. Hay que tener en cuenta que la conducta del entrenador de iniciación es fundamental en la creación del ambiente deportivo adecuado y motivador en un contexto educativo.

10.6. REFERENCIAS

Cozolino, L (2019). La enseñanza basada en el apego. Bilbao: Editorial Descée

Parris, S. & Hernandez, C. (2017). The benefits of play in cognitive development. Extraído de https://child.tcu.edu/play/#sthash.xQQaUa1X.dpbs el día 25 de marzo de 2020.

Purvis, K. (2019). 10 Resources for Understanding TBRI. Extraído de https://child.tcu.edu/10-resources/#sthash.tgIGhae5.dpbsel día 25 de marzo de 2020.

Stern, A. (2019). Jugar. Albuixech: Literal Edito

Capítulo **11**

EL APRENDIZAJE CON ADULTOS DE INICIACIÓN

Josep Llopart

"No trates a los adultos como a niños, ni a los niños como niños,
¡trata a todos como personas!"

11.1. OBJETIVOS DEL MÓDULO

- Entender la importancia de los aficionados adultos para el tenis de mesa como deporte en general, y para el club en particular.
- Entender las necesidades y motivaciones de los aficionados adultos.
- Conocer herramientas de trabajo para superar la etapa de iniciación con jugadores adultos.

11.2. INTRODUCCIÓN

Cada vez hay más demanda de servicios de tenis de mesa para aficionados adultos. Personas que han practicado la versión de ocio del pingpong y quieren aprender y mejorar. Es por ello que en este libro incluimos este capítulo, para ver las características y demandas de este colectivo, y conocer cuáles son las motivaciones que favorecen su continuidad en la práctica deportiva.

En los últimos años ha aumentado mucho el número de personas adultas que dedican su tiempo de ocio al aprendizaje y a otras experiencias. El mercado está lleno actividades orientadas a los adultos, y para las entidades deportivas representa no sólo una fuente significativa de ingresos económicos, sino también un patrimonio humano esencial para cualquier entidad sin ánimo de lucro, donde la aportación voluntaria de las personas es esencial para su sostenibilidad.

Otro aspecto destacable de este colectivo es que a menudo hay demanda de entrenamientos particulares. Este servicio facilita y amplía el abanico de posibilidades y horarios que un entrenador puede dedicar a su profesión.

El objetivo principal de la iniciación es la continuidad del debutante, y que como mínimo pueda llegar a conocer bien el tenis de mesa. Los entrenadores son los guías que acompañan durante esta "visita", facilitan a los adultos tener unos conocimientos suficientes del deporte y de sus propias capacidades, para que éstos puedan decidir finalmente si siguen en la actividad o no.

> En esta "visita guiada", los entrenadores somos más que entrenadores, somos animadores y comerciales del tenis de mesa que intentamos transmitir la pasión que sentimos por nuestro deporte, para poder captar al máximo el interés del aficionado.

En Cataluña hay una tradición que se son los *Castellers*. Se trata de hacer castillos humanos, lo más alto posible, sostenidos por una "piña" de gente en la base. Cuanta más piña hay, más altos se pueden hacer los castillos. El símil con nuestro deporte sería que la base del castillo, la piña, sería el pingpong, y el castillo, el tenis de mesa. Para hace crecer a nuestro deporte (una torre muy alta), se necesita mucha gente en la base, y los aficionados adultos son una parte muy importante de esta "piña", como lo son también el resto de aficionados, las familias y los colaboradores.

No sólo debemos tener en cuenta a los deportistas con futuro. Un club fuerte que quiera tener historia, es necesario que se sustente por una base ancha (el máximo de tipologías diferentes) de personas. No sobra nadie.

¡Bienvenidos adultos aficionados!

11.2.1. Antecedentes

A menudo se ha tenido poco "respeto" por este público, ya que los que éramos "federados" los veíamos como "los que no saben", unos meros aficionados que ocupaban unas mesas que nos hacían falta. En definitiva, ¡nos molestaban!

El hecho de que los clubes cada vez sean más profesionales, con mejores instalaciones y más margen horario, facilita la entrada de estos "no federados" y que se puedan integrar como una parte más (muy importante) del club.

11.2.2. La motivación de los practicantes adultos

Los adultos, en la mayoría de los casos, quieren básicamente pasarlo bien y disfrutar de una actividad. Pero sobre todo hay dos **motivaciones** esenciales que les ha movido a dar el paso de llegar al club y pedir información sobre los servicios que se dan:

1) Realizar una actividad física que les gusta y que creen que realizan mínimamente bien.
2) Mejorar en un deporte que tienen buen recuerdo, que creen que hacen bastante bien, y quieren empezar a hacer competiciones *amateurs*.

Aunque el margen de edades de las personas adultas es muy grande, desde pasada la adolescencia a edades realmente muy avanzadas (he tenido alumnos con más de setenta años), básicamente sus motivaciones se definen por una de estas dos.

A medida que la edad del practicante va subiendo, más importante se hace la primera de las motivaciones. Con los adultos jóvenes y de mediana edad, la competitividad es normalmente lo que realmente los motiva, y se parecen mucho a la tipología de juveniles que empiezan un poco "tarde".

11.2.3. La primera impresión

El primer contacto de un adulto aficionado cuando acude a un club, tiene a menudo un sabor agridulce.

Cuando llega al club un nuevo jugador, los entrenadores queremos conocer su nivel de juego y les ponemos de entrada a jugar. Una situación nada fácil para ellos/as: seguramente hace tiempo que no practican, les dejamos una pala con la que no han jugado nunca (demasiado rápida o demasiado lenta), les estamos observando... En definitiva, ¡una situación de examen!

Hay que permitirles un tiempo de adaptación, ya que la primera impresión de la persona en cualquier actividad pesa mucho a la hora de decidir. Pero tampoco se les debe engañar, y por eso hay que tener en cuenta lo siguiente:

- Por un lado se dan cuenta que su nivel es mucho peor de lo que creían (tienen unas referencias del pingpong practicado con amigos en un contexto de ocio, y cuando ven las mesas con niños pequeños entrenando, es como un pequeño "shock", se dan cuenta que del pingpong que ellos habían realizado al tenis de mesa más básico hay un abismo. Evidentemente conocen los chinos y han visto puntos espectaculares, pero pensaban que esto sólo lo hacían los muy buenos.

- Por otra parte, cuando les sale un par de encadenamientos de derecha a derecha, quedan totalmente seducidos por el "taca-taca" de la pelota, y ya no van a querer dejar de jugar.

11.3. CARACTERÍSTICAS GENERALES DE LOS ADULTOS DE INICIACIÓN

Podemos detectar unos rasgos comunes en la mayoría de adultos (más acentuados cuando más edad tienen). Son especificidades diferentes a las de los niños y adolescentes, las cuales debemos tener en cuenta a la hora de trabajar con ellos.

A nivel general:

- ➢ En general tienen poca disponibilidad para entrenar: vienen 1 o 2 días por (y a menudo faltan).

- ➢ Son muy serios trabajando: quieren aprovechar el tiempo.

- ➢ Son muy agradecidos, por pequeña que sea la contribución de los entrenadores, lo agradecen al máximo.

A nivel intelectual:

- ➢ Tienen una participación activa, hablan, quieren y necesitan entender lo que hacen y por qué lo hacen. Les da placer intelectual. Preguntan y cuestionan. Necesitan primero entenderlo intelectualmente.

- ➢ Les gusta darse cuenta del proceso de aprendizaje, de cómo funciona.

- ➢ Les cuesta mucho entender los ejercicios de entrenamiento, por muy simples que a nosotros nos parezcan. Necesitan ver una demostración.

A nivel emocional:

- ➢ Debemos hacer un "presupuesto" más afinado. Así como con los niños el futuro es como un cheque en blanco, con los adultos tendremos que hacer un análisis más preciso de lo que tenemos. Hacer un presupuesto significa saber el tiempo que puede dedicar, donde quiere llegar, valorar lo que se puede cambiar, y trabajar al principio mucho más sobre los puntos fuertes que sobre los débiles.

➢ Deberemos "aprovechar" mucho los elementos que ya tienen e intentar potenciarlos, sin olvidar que su dedicación habitual puede ser uno o dos días semanales, a menudo bastante irregular, y eso es muy poco para cambiar automatismos arraigados.

➢ La transferencia de los aprendizajes en los partidos es más lenta. Un adulto pasa habitualmente estas 3 etapas:

- Etapa Inicial: Euforia. Se animan fácilmente y ven una progresión muy grande al principio.

- Etapa crítica: Cuando se dan cuenta que hacer lo entrenado en los partidos es mucho más complicado de lo que pensaban. En este momento, si creen que no mejoran, es cuando lo dejan.

- Etapa de entrenamiento: Empiezan a entender el entrenamiento como trabajo a realizar sistemáticamente y con una mínima continuidad.

A nivel físico:

➢ Utilización de los segmentos más proximales al cuerpo: juegan mucho con la articulación del hombro.

➢ Articulaciones muy rígidas (muy tensas, bloqueadas): no utilización del codo.

➢ Automatismos muy arraigados.

➢ Falta de dinamismo (están acostumbrados a jugar sin moverse).

A nivel de juego:

➢ A menudo utilizan una empuñadura poco ortodoxa.

➢ Diferencia significativa entre el nivel durante la competición y el nivel durante el entrenamiento.

➢ Juegan básicamente a no perder, a no fallar.

➢ Se encuentran más cómodos jugando de revés (contemporizar), y de derecha para atacar fuerte. Poco pivote.

➢ Los cuesta aprender a entrenar:

- Se ayudan poco (cada uno va a la suya).
- No controlan la rapidez de las pelotas. A menudo lo hacen al 120% al tercer intercambio.

11.4. LOS OBJETIVOS

Teniendo en cuenta que el principal objetivo es su continuidad en el club, los objetivos de trabajo con adultos de iniciación serían:

1. Superar el desencanto inicial provocado por el desfase de nivel que creen que tienen y el que tienen realmente.
2. Crear un buen ambiente y se sientan a gusto.
3. Darles herramientas básicas para que se den cuenta cómo aprenden.
4. Superar la primera barrera, después del momento de euforia.

11.4.1. Superar el desencanto

Para poder gestionar el desencanto inicial, se puede utilizar un argumento intelectual: hasta ahora los nuevos practicantes se medían en referencia al pingpong (que seguramente eran bastante buenos), pero al pasar al tenis de mesa, a pesar de ser el mismo deporte, es un mundo totalmente diferente.

Una buena estrategia es atraparlos por el ritmo del "taca-taca" de la pelota, hacerles sentir que ellos también lo pueden llegar a hacer. Con cuatro consignas fáciles y tres minutos es posible que la decepción inicial (se creían buenos y ahora se han visto malos), se convierta ilusión por aprender y ver que pueden mejorar (creer que podrán llegar a hacerlo dignamente).

11.4.2. Crear buen ambiente

El entrenador, en los entrenamientos de iniciación con adultos, no sólo tiene que organizar y controlar el **nivel global de la sesión** (tipología de ejercicios, duración, nivel de dificultad, consignas generales, consignas individuales para cada jugador...), sino que también debe atender a otro nivel: **el nivel logístico**: qué parejas, quien trabaja mejor con quién, en qué ejercicio puedo poner juntos dos de niveles muy diferentes, temperatura del estado de ánimo del grupo o de algunos integrantes en particular... ¿todo el mundo está disfrutando?

Esta doble mirada del entrenador es vital para conocer el estado de ánimo del grupo y de cada uno de sus integrantes, y para que la sesión sea lo exitosa posible.

En la iniciación, este segundo nivel, el logístico, es muy importante. Hay que dedicar tiempo a "imaginar" las parejas para cada ejercicio y poder dar a cada integrante del grupo la parte social que necesita para sentirse integrado. A medida que va subiendo el nivel del grupo, sin embargo, ya no será necesario ponerle tanta atención, y será antes y después de la sesión el momento que dedicaremos a crear este buen ambiente, y no tanto durante la sesión.

En cualquier actividad deportiva, el nivel deportivo marca el *status* de la persona en el grupo: el nivel es el ranking social, ¡es inevitable!

Habitualmente los grupos de iniciación son los más heterogéneos: tanto a nivel deportivo (la distancia entre los mejores y los más flojos es significativa), como de interés (motivaciones diversas). Una de las funciones del entrenador es hacer partícipes a todos como parte del grupo, importantes, independientemente de su nivel y la motivación que tengan, además de valorar otros aspectos que suponen un valor y suman al grupo de trabajo.

He tenido varias experiencias personales en el aprendizaje como adulto de diferentes actividades desde la iniciación. En el caso del vóley playa, he tenido muy buenos entrenadores, y a todos los miraba no sólo como aprendiz sino también como educador, y aprovechaba las sensaciones y emociones que yo experimentaba para entender mejor a mis alumnos adultos.

Recuerdo un entrenador que nos trataba del mismo modo que debía tratar al grupo de niños y niñas infantiles que estaba acostumbrado a entrenar. No quiero decir que nos trataba como niños sino que utilizaba los mismos mecanismos y un nivel de comunicación muy similar, lo que hacía que nosotros percibiéramos como si nos tratara como niños. De aquella experiencia me salió la frase que inicia este capítulo:

"No trates a los adultos como a niños, ni a los niños como niños, ¡trata a todos como personas!"

Otra manera de cultivar el buen ambiente es que perciban que te preocupas por ellos. Por ejemplo, hay épocas que la continuidad de la asistencia es complicada: el trabajo, las obligaciones familiares..., y si añadimos que vienen uno o dos días a la semana... es fácil que tengan la sensación de haber perdido el ritmo y se les haga cada vez más cuesta arriba el retorno. Una llamada, un mensaje, un pequeño: "*hey*, ¿todo bien? ¡Te echamos de menos!", detiene un abandono que no era voluntario.

11.4.3. ¿Estoy aprendiendo?

Como decía Gerard Le Roy, el aprendiz siempre debe estar al tanto de su aprendizaje. Y esto funciona en cualquier colectivo.

A menudo el resultado se convierte en el juez único de la progresión del deportista. Con los adultos podemos utilizar más el análisis técnico, el razonamiento, para hacerles ver que se va en buen camino y que los resultados son una consecuencia, pero que se pueden fijar en todo aquello que técnicamente van aprendiendo. Sólo el mismo hecho de aprender a entrenar (a interactuar con otro) ya es una progresión evidente, y muy beneficiosa, que saben valorar (por ejemplo la capacidad de controlar la rapidez de los golpes para poder dar continuidad a un intercambio).

11.4.4. La primera "muralla"

En uno de mis aprendizajes de iniciación, mi profesor de guitarra, Jonathan, recuerdo que me comentó:

"Al principio, aprender cuatro acordes y empezar a tocar canciones es fácil, pero pronto llega una pequeña pared, donde hay que hacer un esfuerzo para pasar al estadio siguiente. A menudo parece mucho más complicado de lo que es realmente, pero la mayoría abandona porque se les hace demasiado difícil (y seguramente su motivación no es tan alta). Quien tiene la capacidad de superar esta primera barrera, se adentra realmente en lo que es la música, y siente con el corazón qué es tocar la guitarra".

¡Yo no tuve la capacidad de superarlo y lo dejé! Pero he visto muy a menudo la misma experiencia en el tenis de mesa. Personas que empiezan muy animadas, se compran una pala nueva (a veces poco adecuada a su nivel), y al cabo de un mes ya no los ves más.

Informar el deportista de este proceso le permite hacer una lectura adecuada, le puede ayudar a superar la barrera y pueda llegar a conocer y disfrutar realmente el tenis de mesa.

11.5. LOS EJES DE TRABAJO CON ADULTOS

Teniendo en cuenta los objetivos y características comentadas, lo ejes de trabajo para los adultos de iniciación serían:

- Eje 1: Construir un clima de calma, de tranquilidad, con el objetivo de destensar las articulaciones: relajación de hombro, brazo, y mano. Un reconocimiento propioceptivo del aprendizaje (darse cuenta, saber qué pasa, entender el porqué de las cosas) los lleva a una sensación de control que facilita la calma.
- Eje 2: Construir un ambiente social agradable, donde todo el mundo se sienta importante y tenga su rol. En definitiva, ¡crear un equipo!
- Eje 3: Construir una relación con el *timing*: tocar la pelota en el momento correcto, utilizando toda la mesa, con la fuerza adecuada y adaptándose progresivamente a los diferentes parámetros de la pelota (efecto, velocidad, colocación, trayectoria y dirección).
- Eje 4: Construcción la intención (táctica) a partir de los puntos fuertes. A menudo falta coherencia entre lo que se entrena y lo que hacen.

11.6. CONCLUSIONES

Los adultos suponen un potencial muy interesante para una entidad o club. Compran servicios, participan en la dinámica de club, suelen no llevar problemas y son muy agradecidos.

Cada vez más, el número de practicantes de esta franja de edad es más importante, y atender esta demanda supone unos beneficios económicos y sociales muy interesantes a todos niveles.

Capítulo **12**
LA COMPETICIÓN CON DEBUTANTES

Eduardo Lázaro y Óscar Roitman

"Simplemente juega. Diviértete. Disfruta el juego"
Michael Jordan

12.1. OBJETIVOS DEL MÓDULO

- Comprender la naturaleza de la competición de tenis de mesa.
- Conocer el impacto que tiene la competición sobre los jugadores debutantes.
- Entender la competición con jugadores de iniciación como una herramienta formativa, y no como un fin.
- Analizar el rol del entrenador de iniciación durante la competición.
- Conocer los formatos de competición que favorecen más el aprendizaje.
- Reflexionar sobre en qué momento un jugador debe empezar a competir.
- Dar herramientas para gestionar la frustración de los jugadores durante la competición.

12.2. LA COMPETICIÓN CON DEBUTANTES

El tenis de mesa tiene una particularidad, los niños y niñas que empiezan a competir lo hacen en las mismas condiciones que un adulto. Mismo campo de juego, misma duración, misma pelota. No existe ningún otro deporte que tenga esa característica. La competición tiene las mismas características que con los adulto (esto no es exclusivo del tenis de mesa), y es posible que este sea uno de los principales motivos de abandono del deporte entre los jóvenes.

La definición de competición en la RAE, dice que *"competir es un verbo que se utiliza para designar a un tipo de acción en la cual las personas que se ven involucradas <u>luchan</u> por lograr un objetivo. Esa lucha que se lleva a cabo implica en la mayoría de los casos <u>enfrentarse</u> a otra persona o individuo, sin embargo, en algunos casos puede representar la competencia* *que una persona se establece <u>consigo misma</u> para <u>superarse</u> y mejorar sus resultados previos en determinada actividad".*

Lo subrayado corre a cuenta del autor porque son términos que llaman la atención. Luchar es combatir, enfrentarse es desafiar, superarse a uno mismo… Conceptos muy complejos cuando pensamos en el jugador de iniciación.

Empecemos por el principio. Supongamos que un niño o niña de unos 7 años entra en nuestro club y dice que quiere aprender a "jugar" (palabra clave en todo este asunto) al tenis de mesa. ¿Cuál es el objetivo principal de este potencial jugador cuando se acerca a la sala por primera vez? En nuestra experiencia, aquí y en la China, la respuesta es **divertirse** y luego todo lo demás, aprender, hacer nuevos amigos (socializar) y, en última instancia, o quizás sin la existencia de ese pensamiento, competir. En nuestra experiencia, nunca, jamás, un jugador dijo al llegar al deporte: *"quiero jugar al tenis de mesa para ganar, para ganarle a…"*. Entonces ¿que cambia? ¿En qué momento pasa a ser esto una prioridad en el niño que llegó hace un tiempo?

Sin duda es innato en el ser humano medir el progreso propio, en muchas ocasiones poniendo pruebas en solitario, como por ejemplo saltar para tocar la viga de la puerta que separa la habitación del pasillo de casa, lanzar la piedra hasta que cruce el lago, o caminar toda la calle por el borde de la acera sin caer. En otras ocasiones poniéndose retos con otros para poder afirmar lo que somos capaces de hacer: correr más rápido que mi amigo hasta la esquina, hacer un pulso, probar a ver quién puede saltar tal valla, etc. En estas "batallas" en solitario o con otros no hay enfados en el proceso, no hay lágrimas, no hay renuncias. Pero eso cambia.

Dalmiro Sáenz, escritor argentino dijo *"si quieres mantener a tu hijo inteligente, no lo mandes a la escuela"*. Esta frase siempre llamó mi atención y creo que ocurre algo parecido en el deporte formal. Si quieres que tu hijo o hija se divierta, no lo mandes al club, lo que, lamentablemente, pasa mucho más de lo deseable.

No avanzaremos los conceptos pedagógicos que sostienen esta afirmación, no es el objetivo de este texto, ni tampoco aburrir con una enorme cantidad de datos, citas y autores. Nos centraremos a continuación en el rol de la competición en el proceso de aprendizaje o, tal vez, en el proceso de bloqueo del aprendizaje.

12.2.1. La competición como herramienta formativa

¿Competir es importante? Claramente que sí, tal como se dijo anteriormente, y puede ser un camino divertido, placentero y de gran aprendizaje, siempre y cuando no lo transformemos en una "lucha" o "enfrentamiento", todo sea *distress* (estrés negativo) y aparezcan los enfados, berrinches, lágrimas y demás, que tanto alejan del objetivo al deporte.

El tenis de mesa es un deporte de oposición, es decir, tenemos un rival, un oponente que nos pone a prueba nuestra habilidad, pero, en edades tempranas, el objetivo de la competición no es solo vencer al rival, es, principalmente, afirmar lo aprendido, tomar decisiones, resolver problemas y frustrarse para ser reflexivo y generar nuevos aprendizajes (una nueva sinapsis entre neuronas).

Ganar no es importante, aprender lo es. Si el niño o niña aprende, hay muchas más posibilidades de que, en futuro, tenga resultados positivos. Si centra el esfuerzo en ganar, y solo ganar, en detrimento de la técnica y el aprendizaje de la misma, el desarrollo del jugador se va a detener o postergar y, en el peor de los casos, va a llevar al abandono del deporte. ¿Cómo podemos competir para aprender?

En primer lugar, cuando toca competir, centrándose en animar al niño o a la niña a que se anime a hacer lo que estuvo practicando en el entrenamiento, sin temor al fallo. Servir rápido, hacer una derecha bien colocada o lo que sea, y valorarle, mucho, que lo haya intentado. De esa manera se fortalece su autoestima. Lo que importa en la etapa formativa es el proceso, no el resultado. En segundo lugar, cuantificando los contenidos. Tantos servicios cortos o largos, dependiendo del objetivo, o tantos bloqueos o topspin, etc.; y medir la efectividad de los mismos. Por ejemplo, el niño realiza 4 servicios cortos durante todo el partido. Podemos analizar que hizo más servicios cortos que en el partido anterior, por lo que se está animando a hacerlo más seguido, o que hizo menos que en el partido anterior, por lo que sería bueno analizar por qué le ha pasado eso; si es que él consideró que el partido lo requería o si, simplemente, no se animó y, otra vez, resaltar la importancia de que lo intente, más allá del resultado final.

Competir centrado en el proceso no es fácil porque vivimos en un mundo que valora el resultado por encima de todo. Si ganas está todo bien, si pierdes está todo mal.

Aquí cumple un rol fundamental el entrenador y su metodología de trabajo. Tener claro que, a los niños, hasta los 12 o 13 años[5], no se los entrena; se los forma, y todo lo que ello implica. No importa solo que meta la pelota, sino que su cuerpo tenga una buena posición, que sea dinámico y bien equilibrado,... No vale celebrar que la haya metido si su técnica ha sido defectuosa, como tampoco vale si su técnica correcta pero todas las pelotas van a la red o fuera de la mesa.

Es fundamental que el niño sea consciente de ello, como así también sus padres, que cumplen un rol central en la consecución de los objetivos. Si el jugador se centra en el proceso pero los padres no, entonces no hay opción de que el niño se centre en el proceso. Lo mismo ocurre con el entorno, es decir, amigos, parientes cercanos y demás. Si conseguimos salir del paradigma de que si ganas eres "exitoso" (fotos, abrazos, trofeos, redes sociales, muchos *likes*) y si pierdes eres un "fracasado" (no foto, no trofeo, no redes sociales), mejoraremos la posibilidad de que el jugador disfrute del proceso, se divierta en el mismo, logre jugar más relajado y, muy importante, se mantenga en el deporte más tiempo, o para siempre.

12.2.2. Competiciones alternativas

Como se dijo, el tenis de mesa en menores se compite igual que en adultos. ¿Qué alternativas se les puede ofrecer a los niños y niñas para que compiten centrados en el proceso?

- Realizar competiciones sin que quede ninguno "eliminado". Les resta el tremendo estrés que significa no pasar de grupo o perder en una eliminatoria, porque ese formato solo se centra en ganar y expulsa al jugador del evento, cuando lo que más queremos es que juegue, juegue y juegue. Perder significa no jugar más y eso se alejar de la formación del debutante. Hay algunos formatos, como el sistema suizo, que se usa mucho en ajedrez, en el cual todos juegan la misma cantidad de partidos, tanto el campeón como el que pierde todos.
- Realizar competiciones de habilidades. Organizar un circuito distribuido en varias mesas. Cada mesa un "desafío" (hacer puntería en un aro, o pegarle a un objeto del otro lado de la mesa, etc.) y van sumando puntos por hacerlo en proporción a la cantidad de intentos. Te centras en el proceso y nadie queda eliminado.

---

[5] Vale aclarar que la etapa formativa varía y depende mucho del contexto cultural y social. No es lo mismo en China, donde empiezan antes, que en Europa o en Sudamérica. No es lo mismo hombres que mujeres. Las mujeres maduran antes, física y psicológicamente, que los varones, en general. No es lo mismo una clase social que otra y por sobre todas las cosas, cada persona es diferente y los procesos son diferentes, por lo que hay que entenderlo, respetarlo y actuar en consecuencia.

- Competiciones de gestos técnicos. Torneo de velocidad de derecha a derecha, o de revés a revés, de control, etc.

Vamos a detenernos aquí para dejar que vosotros penséis otras alternativas, y que vuestra creatividad juegue su rol, sumado a que lo se pueda adaptar al contexto.

12.2.3. ¿Cuándo empezar a competir?

Aquí no hay ciencia. Ensayo error, empirismo. No hemos encontrado otra respuesta. Pero siempre esperando que sea el mismo niño el que lo pida: cuando están listos, lo piden. No empujarlos a competir si no se sienten seguros.

Si dicen que lo están, tendrás muchos indicadores que afirmarán o rebatirán esto:

- Nivel de tensión-relajación al momento de competir.
- Nivel de tolerancia a la frustración.
- Capacidad de reflexión durante la competencia. Se le puede preguntar, ¿a qué parte de la mesa lo has atacado con éxito? Si lo sabe, o no, es un indicador importante.
- Capacidad de autocorrección.
- Respeto al rival y *fair play*.

12.2.4. El rol del entrenador durante la competición

Se han escrito varios artículos sobre el rol del entrenador en el banquillo y lo nocivo que puede ser para jugador de nivel inicial. La ITTF cambió una regla, que prohibía hablar a los entrenadores durante el partido, y ahora lo permite. Esto puede empeorar, aún más, la relación del debutante con la competición. El entrenador interviene en la toma de decisión (que es la parte más divertida del deporte) bloqueando lo que el jugador siente y quiere. El nivel de estrés se dispara. El niño no puede divertirse experimentando, solo seguir las órdenes del adulto sentado en el banquillo.

No son todos los entrenadores actúan así. Muchos lo aprovechan para ayudarlos a reflexionar, a corregir posturas y movimientos, y a orientarlos en la toma de decisión para que ésta sea gratificante, pero, por desgracia, esto no se da en todos los casos.

En la iniciación es fundamental centrarse en la formación del niño, sobretodo en un deporte tan técnico como el tenis de mesa. No le pongas picos a los 8 años porque eso le va a hacer ganar. Enseñar todos los contenidos técnicos y luego especializar la técnica según sus características físicas y psicológicas (ofensivo, *allround*, defensivo, etc.).

> La competición no es el fin en si misma. Es una herramienta formativa, parte del proceso que va a transformar a ese niño en un buen o gran jugador, y además en una mejor persona, que tolera la frustración y que aprende de ella, que respeta al rival y a las reglas del deporte.

12.3. GESTIONAR LA FRUSTRACIÓN: UNA HERRAMIENTA PSICOLÓGICA

Para gestionar el estrés que genera la competición, el jugador debe entender que los puntos están a disposición de ambos jugadores, y que solo es uno el que lo puede conseguir. El que lo consigue tiene esa satisfacción que vamos buscando y el que no la frustración de no haber conseguido su propósito. Adquirir cierta capacidad de tolerancia a la frustración es algo muy necesario en la iniciación.

Además, es importante comprender que todo, la satisfacción y la frustración, debe quedar en el ámbito deportivo y no extenderlo a otros ámbitos. Es decir, se puede ser una estupenda persona sin conseguir resultados en la competición. Incluso se puede ser un buen jugador sin conseguir los puntos deseados. De hecho, los mejores jugadores pierden puntos, sets y partidos, y siguen siendo buenos jugadores. Lo que distingue a un jugador es el nivel de juego que alcanza y en el caso de los jugadores de iniciación lo importante es que vayan mejorando sin importar tanto los resultados.

> Muchos jugadores de iniciación lo pasan mal en los partidos cuando no consiguen ganar porque no han entendido que tanto ganar como perder forman parte del juego.

Parecería que, a nivel general, está la idea que sólo hacer el punto es lo que cuenta, sin que jugar el punto tenga importancia y capacidad de disfrute. Y no es así. Cada vez que le damos a la pelota podemos disfrutar si realmente hemos entendido lo que es el tenis de mesa. Además, si ganamos el punto podemos obtener una satisfacción añadida. La mejor frustración es la que nos lleva a seguir siendo competitivos para intentar hacer el siguiente punto. Esto es, sobreponerse a la adversidad o lo que lamamos resiliencia.

Capítulo **13**

LAS FAMILIAS EN EL PROCESO DE APRENDIZAJE

Josep Llopart

"El triángulo deportivo del deporte base son: los deportistas, los padres/madres
y los entrenadores"
Joaquín Valdés

13.1. OBJETIVOS DEL MÓDULO

- Conocer la importancia de las familias dentro del contexto educativo
- Compren el deporte como contexto de relación familiar
- Presentar los ejes fundamentales de la relación de técnicos con la familia
- Mostrar los elementos de la comunicación entre técnicos y familias
- Analizar la tradición familiar en el deporte y el contexto educativo durante la iniciación.

13.2. LAS FAMILIAS EN LA INICIACIÓN

Como comenta Joaquín Valdés en la frase que introduce este módulo, la importancia de los padres y madres en la etapa de iniciación es tan importante como la de los técnicos o la del propio deportista.

El papel que juegue la familia (y hay que entender familia no sólo como padres y madres, sino también hermanos, tíos, primas...) condicionará la historia tanto deportiva como personal de los niños. La manera de cómo se vive el deporte en la familia se convierte en algo fundamental para poder sumar "puntos extras" para el éxito deportivo y emocional de niños y niñas.

En este capítulo veremos cómo en esta etapa, el deporte se convierte en un contexto magnífico para que las familias compartan experiencias y valores, y sea una herramienta educacional muy operativa para la formación de personas.

Por lo tanto, si la influencia de la familia sobre el deportista es decisiva en la etapa de iniciación, es necesario que el entrenador esté al tanto de la situación familiar, no sólo ayudando y asesorando a las familias en la medida que pueda, sino también escuchándolas y facilitando su aportación.

Como menciona Joaquín Valdés en la misma charla de la cita inicial[6], con las familias es importante hacer una función preventiva, es decir, anticipando. ¿Cómo? Pues teniendo contacto habitual. No es necesario que se presente alguna dificultad para reunirse: encontrándose no para solucionar, sino para mejorar.

En este capítulo ponemos sobre la mesa los aspectos más importantes que debe tener en cuenta un entrenador en la etapa de iniciación para ayudar a que técnico, familia y deportista, remen en la misma dirección.

- Deporte como contexto de relación familiar
- Ejes fundamentales: técnicos familia
- La comunicación: técnicos familia
- La tradición familiar

13.3. DEPORTE COMO CONTEXTO DE RELACIÓN FAMILIAR

El tesoro más grande que pueden tener las familias con los niños es poder compartir actividades de persona a persona. Pero compartir no es simplemente hacer una actividad juntos, ya que lo que se comparte no es la actividad, sino el proceso.

Los técnicos, como formadores, también deben ayudar a padres y madres a entender que no es necesario que ellos sean siempre los que lo saben hacer todo bien. El que une y acerca las personas es percibir que el otro también se encuentra con dificultades y disfruta de la actividad como el niño mismo. ¡Vale la pena aprovechar aquellas actividades donde están al mismo nivel (o inferior) para pedirles que les enseñen!

Para un familiar, compartir con un niño o niña de 5 años, no es sólo sentarse a su lado, a su altura, y enseñarle como debe hacerlo. Compartir es simular como a los adultos les cuesta mantener una pelota en la pala sin que se caiga (haciendo que se les caiga más que a ellos). ¡Compartir es estar eufórico porque el padre o madre ha hecho cinco toques seguidos sin que se le caiga la pelota! Compartir es poner el umbral del éxito al nivel del niño

---

[6] https://www.youtube.com/watch?v=UHos21ESAZQ&feature=youtu.be

(y mejor si un poco por debajo). Compartir es escuchar, y sobre todo, compartir, es reír juntos.

Debemos mostrar a las familias que deben aprovechar esta época que pasa tan deprisa. Una oportunidad para acercarse a sus hijos e hijas de manera muy natural, y que esto ayudará a crear unos vínculos de una relación sincera, abierta y cercana.

El deporte de iniciación se convierte pues en un espacio idóneo para que la relación familiar tenga una dimensión más: la de compartir de igual a igual. Poder mostrar el niño que los adultos llevan dentro, sin dejar de ser adultos.

En definitiva, se trata simplemente de que puedan: **¡jugar juntos!**

13.4. EJES FUNDAMENTALESDE LA RELACIÓN TÉCNICOS - FAMÍLIA

Como en cualquier relación, la relación con la familia también hay que cultivarla y darle la prioridad que tiene, sobre todo en la etapa de iniciación. Cuanto más jóvenes son los deportistas, más necesario es el contacto con la familia.

Porque en el triángulo que expone Joaquín Valdés, si familia y técnicos van a la par, ¿qué pensáis que hará el deportista?

Hay técnicos que creen que los deportistas son suyos e intentan apartar a las familias del proceso educativo. Y hay familias que, con ganas de ayudar, pisan competencias que deben dejar en manos de los responsables técnicos.

En lugar de buscar aquello que separa, hay que fijarse se en todo lo que une. El nexo de unión, el punto de partida de esta relación, parte de tres ejes fundamentales:

- La confianza
- El respeto mutuo
- Compartir un valores comunes

13.4.1. La confianza

En la etapa de iniciación, las familias no valoran tanto el conocimiento técnico o táctico del entrenador/a, si no sus competencias tanto personales como formativas.

La parte emocional y afectiva de las familias con los niños es todavía muy intensa, y a menudo puede parecerles a los técnicos que es excesivamente sobre protectora.

Si los técnicos quieren ganarse la confianza de las familias, tienen que hacer un esfuerzo empático para entender estos sentimientos tan arraigados a la emoción para tratarlos con el tacto imprescindible necesario.

Si en la etapa de alto rendimiento la confianza del deportista se gana si cree que le harás mejor jugador, en la etapa de iniciación la confianza radica más en las relaciones personales, tanto con los deportistas como con las familias.

La delegación de las familias sólo será posible si interpretan al técnico como un aliado. Comenzarán por delegar aspectos más deportivos (técnicos y tácticos), para más adelante delegar también aspectos más formativos.

La confianza se pondrá a prueba cuando veamos la capacidad de superar las pequeñas crisis que las familias sufrirán durante la etapa. Cuando todo va bien, es fácil, ¡todo funciona! Pero al igual que conocemos realmente a los deportistas por cómo actúan en los momentos complicados, conoceremos la verdadera confianza de las familias en las situaciones adversas.

No he encontrado ninguna definición de confianza mejor que la que concluimos con el psicólogo del CAR de Sant Cugat durante muchos años, Pep Marí: la confianza es la ausencia de la duda.

13.4.2. El respeto mutuo

Respetar significa aceptar opiniones diferentes a la nuestra. Para aceptar, antes de nada se debe saber escuchar. Es la base de cualquier relación.

Es fundamental no confundir entre:

- Escuchar = dejar hablar
- Saber escuchar = estar dispuesto cambió de opinión

Pensad un momento... ¿Cuántas veces, al hablar con las familias, tenéis la respuesta preparada mientras el interlocutor todavía está hablando?

El respeto se gana más por saber escuchar, y no tanto por lo que se dice.

Un elemento que favorece el respeto es tener la capacidad de alejarse un poco, de coger perspectiva, en contraposición de tomarse las cosas de manera personal.

13.4.3. Valores comunes

El club tiene establecidos unos valores fundamentales que lo rigen como entidad a nivel general (reflejados en los mismos estatutos o en el reglamento de régimen interno). Seguramente serán valores genéricos, y sólo será necesario concretar y ajustar aquellos los valores prioritarios en cada etapa de la formación.

Las familias deben conocer estos valores (aprovechando las reuniones grupales que comentaremos más adelante), y pactar con los técnicos (en las reuniones individuales) uno o dos valores más (¡no es necesario todo el *vademécum* de valores!), que serán acordados por trimestre o periodos concretos. Definir y marcar un tiempo concreto permite y hacer más incidencia por ambas partes.

Este acuerdo es un perfecto punto de partida para ir de la mano, hacer que el deportista perciba esta alianza y, sobre todo, sienta coherencia en los discursos.

13.5. LA COMUNICACIÓN ENTRE ENTRENADOR Y FAMÍLIA

Para que la comunicación sea ágil y operativa hay que tener en cuenta los siguientes puntos:

- Reuniones grupales y reuniones individuales
- El rendimiento académico
- El rol deportivo de las familias
- Las demandas de las familias a los técnicos

13.5.1. Reuniones grupales y reuniones individuales

Para fomentar el flujo de información entre técnicos y familias, hay que hacer encuentros habituales. Este contacto debe darse de manera regular y estructurada.

Los entrenadores jóvenes a menudo caen en la trampa de hacer "cursos rápidos" del deporte en situaciones que no son las adecuadas (en el bar, en las gradas, después de perder un partido...). No nos referimos a este tipo de encuentros, incluso al contrario, en estas situaciones más "sociales" deberíamos evitar cuestiones técnicas que deben ser tratadas de manera particular.

El ego del técnico, o menudo sus miedos, hacen que se ponga a la defensiva al percibir los familiares como unos teóricos rivales, cuando en el fondo son una parte más, y muy importante, de la estructura. Esta actitud defensiva puede provocar que lo que se diga se interprete como una justificación; como concluimos con Pep Marí: cuando das explicaciones sin que te las pidan, te estás justificando.

Es responsabilidad de los técnicos informar y educar a las familias, que necesitan pautas e información sobre cómo deben hacerlo y conocer cuál es su rol. Los entrenadores a menudo dan por hecho (de una manera inconsciente) que las familias ya saben que tienen que hacer. Pero aunque ciertos aspectos parezcan evidentes, hay que dejar claro las otras "reglas del juego".

Es por ello que, por un lado, hay que hacer reuniones informativas grupales con las familias, para informar cual es la filosofía del club (los valores que hemos comentado anteriormente), y explicar qué necesita el club de los padres (¡y no sólo a cuestiones logísticas, cómo hacer de chóferes a los desplazamientos, que también!).

Los padres necesitan saber cuáles son las pautas a seguir, cómo deben actuar, cuando tienen que intervenir, etc. En nuestro deporte unos ejemplos claros serían: ¿por qué se hace "banda" o no en una competición?, ¿qué criterios hay para cambiar de grupo de entrenamiento?, ¿cómo deben actuar las familias en una competición?, etc.

Informar y dejar por escrito los "protocolos" más habituales, facilita, ayuda y ahorra muchos malentendidos.

Por otra parte hay que hacer reuniones individuales con las familias. Los técnicos deben tener claro que las familias tienen todo el derecho a estar enterados de la evolución a su hijo/a, si se lo pasa bien, como se relaciona, etc., sobre todo en esta etapa de iniciación.

Para hablar de estos aspectos hay que agendar reuniones oficiales con la familia (una o dos al año, tal como las que se hacen con los tutores de sus hijos/as en la escuela). Y no es necesario que haya ningún "problema" a tratar, sino que es un intercambio de información, no sólo por la parte técnica sino también de la familia hacia los técnicos.

Una dinámica de reuniones es la mejor prevención para posibles conflictos.

13.5.2. Rendimiento académico

Una de las principales preocupaciones de las familias es el rendimiento académico de los niños y niñas, y el primero en recibir cuando este no es el esperado es el deporte.

Es evidente que la responsabilidad final es de las familias, pero si las familias y la entidad van de la mano en este tema, sólo hay una opción posible: la mejora del nivel académico (¡aunque sin milagros!).

El Club de Baloncesto de Badalona "*La Penya*", hace años que es un ejemplo a seguir en esta apuesta por juntar esfuerzos para la mejora académica del deportista (Borrull, Riera & Martí, 2017):

"Así, a los chicos y chicas de todas las edades que forman parte del Club, previo consentimiento de los padres y madres, se les hace un seguimiento académico trimestral, siempre con la idea de poder reforzar y poner en valor sus calificaciones escolares.

Hay varias lecturas por parte de las y los jugadores. Para unos, es un compromiso con el que corresponden al esfuerzo de sus padres y madres al desplazarse unos cuantos kilómetros cada día y esperarles mientras duran sus sesiones de entrenamiento y preparación física. Para otros, es una obligación a asumir pues saben que si las calificaciones no son las adecuadas sus sesiones de entrenamiento se verán reducidas

Esta solución, siempre consensuada con madres y padres, hace fácil que cada jugador intente no perderse ningún entrenamiento, porque la pérdida de entrenamientos, salvo lesión, enfermedad o casos de fuerza mayor, hará que al jugador le repercuta en sus minutos de juego, lo que en ningún caso agrada al niño/a.

La experiencia nos dice que el refuerzo que damos a los padres y madres, y a los jugadores, en este aspecto siempre es positivo. Es verdad que no hemos hecho ningún milagro ni creemos que lo podamos hacer. En casos de calificaciones muy negativas no tenemos ejemplos de giros de 360 grados, pero sí de mejoras considerables respecto al historial académico hasta el momento de entrar en esa dinámica de control.

Y no solo porque cada jugador o jugadora se siente controlado individualmente sino porque se genera dentro del grupo, y dentro del Club, un intangible que está allí y que hace que el colectivo de jugadores y jugadoras del Club den a lo académico la importancia que merece.

En esta misma línea, en las instalaciones del Club se haya habilitada lo que llamamos una sala de estudio. Está justo al lado de la sala de entrenadores, en la que los entrenadores de básquet base preparan sus sesiones o trabajan con la tecnología, con lo que es una zona del pabellón que ya se reconoce como zona de silencio.

Está equipada con wifi y habitualmente la usan los chicos y chicas que, para ganar tiempo, vienen directamente de la escuela. Es posible también el uso por parte de hermanos/as que no coinciden en horarios de entrenamiento, y también la utilizan algunos padres y madres para trabajar mientras sus hijos o hijas están entrenándose.

Todo este seguimiento responde a un proceso, que es controlado por los profesionales deportivos.

Así, a los chicos y chicas de todas las edades que forman parte del Club, previo consentimiento de los padres y madres, se les hace un seguimiento académico trimestral, siempre con la idea de poder reforzar y poner en valor sus calificaciones escolares."

Qué envidia, ¿no? Nosotros, en la que tenemos una sala libre, ¡ya le estamos poniendo mesas!

13.5.3. El rol deportivo de las familias

La principal queja de los técnicos es la de la intromisión de las familias en sus competencias. Una buena comunicación con las familias desde el inicio, facilita que estas aprendan, de una manera más natural, a delegar en los técnicos la responsabilidad de la enseñanza deportiva, teniendo en cuenta que lograr la confianza necesaria es un proceso, un recorrido.

Como se ha comentado anteriormente, la iniciación es un contexto ideal en el que podemos ayudar a las familias a no caer en trampas de meterse donde no deben. Y si entendemos porque lo hacen, nos será más fácil de ayudarles. Pongamos algunos ejemplos:

Trampa 1: Si yo sé hacerlo = yo lo puedo enseñar

El hecho de que en la iniciación padres y madres tienen la capacidad de poder ejecutar, por ejemplo, un servicio, o de hacer toques con la pala y la pelota, puede ser una trampa que le hagas asignarse un rol que no les toca.

Los familiares, con toda la buena voluntad, quieren "ayudar" a los niños, pero si saben detectar que esta es la primera oportunidad para dirigir a sus hijos/as a los respectivos entrenadores para hacer esta tarea, no les ayudarán a hacer toques con el pelota, pero los enseñarán algo mucho más importante: que el niño aprenda a quien se ha de dirigir cuando tenga cualquier dificultad o duda de tipo deportivo.

Trampa 2: no le sale = ¡lo está pasando mal!

¡Y es cierto! Si no sale, no le gusta, no está cómodo, pero no hay que hacer de esto un gran problema, ni debemos interpretarlo que lo está pasando mal.

Intelectualmente es muy fácil entender estas situaciones y darles la importancia adecuada, pero cuando ves a tu hijo o hija entrenando y envía tres pelotas seguidas en la red, crees que tienes la obligación de ayudarle y decirle qué tiene que hacer.

Trampa 3: si fallas = no lo hagas

En una competición, ¿os suena cuando un jugador/a hace un topspin y falla, escuchar desde la grada: "No ataques, pásala!"? O los que dicen: ¡no pasa nada! Pero el lenguaje corporal de uno totalmente lo contrario...

Seguramente el entrenador esté animando a su deportista a atacar, porque está aprendiendo a tomar decisiones sobre cuando atacar, y el mensaje que llega de la grada no ayuda al niño.

En todos los tres ejemplos, cuando la lógica familiar está impregnada de emoción, deja de ser lógica.

Controlar esta pulsión emocional no es nada fácil para las familias. Hay que ayudarlas a detectar estas situaciones, que en "frío" las reconozcan de una manera racional, darles herramientas para que cuando noten "el calor emocional" puedan sofocar el "fuego", y sobre todo reconocer el gran esfuerzo de autocontrol que hacen.

En el tercer trampa, por ejemplo, si los familiares saben previamente el nivel de importancia que el técnico le ha dado a la competición y los objetivos concretos que ha pactado con el deportista, se pueden ahorrar muchas de estas interferencias que se basan exclusivamente en la ecuación errónea que sólo ganar es felicidad.

En resumen, hay muchos más trampas típicas (y si son típicas significa que son comunes, y si son comunes significa que no es "culpa" de las familias caer en ellas).

Por ello, los técnicos, como especialistas, son los responsables de facilitar la comunicación y formación de las familias. Todos estos aspectos son los que tienen que llenar de sentido las reuniones grupales e individuales.

Llevar especialistas a dar charlas para las familias ayuda muchísimo a que se den cuenta que lo que les pasa es común y que necesitan ayuda para gestionarlo.

13.5.4. ¿Cuáles son las demandas de las familias a los entrenadores?

Hasta ahora, en todos los apartados, se han comentado básicamente las demandas de los técnicos hacia las familias, pero ¿sabéis cuáles son las demandas de las familias hacia los técnicos?

Sólo hay una manera de averiguarlo…. ¡preguntándolo!

13.6. LA TRADICIÓN FAMILIAR

En todos los deportes encontraremos sagas familiares exitosas. Diferentes generaciones de la misma familia que sobresalen en un deporte (o en diferentes). Una tradición en algunos casos de varias generaciones, que hace que tengan muy claro cuáles son las prioridades y donde hay que poner el foco en cada momento.

Como se comentaba en la introducción, la historia familiar suma "puntos extra", porque las familias ya tienen una cultura deportiva, un conocimiento de las "reglas del juego" del deporte de alto nivel, una claridad de objetivos de futuro, promueven una iniciación prematura, etc., en definitiva: salen más campeones de familias con tradición en el deporte que no sin ella.

Esta experiencia y claridad de rumbo puede ser complicado de manejar para un entrenador joven. Puede aparecer una sensación de inseguridad que los haga poner a la defensiva. Pero en lugar de interpretar de entrada una posible intromisión, hay que buscar integrar la experiencia familiar como una herramienta más y ponerla al servicio del proyecto común: el deportista.

No hay que hacer nada especial en la relación técnico-familia con una familia con tradición, pero sí respetarla y ponerla en valor.

Pero no sólo nos interesa este tipo de tradición familiar del deporte de élite. Cualquier transmisión en cadena por la afición al tenis de mesa es importante y puede convertirse en "especial". Quién sabe cuándo puede aparecer, debido a una tradición familiar, un buen jugador, un buen árbitro internacional, un seleccionador nacional, un buen directivo, un gran sponsor o el futuro presidente de la federación.

Por eso interesa empezar "cadenas" de tradición, es decir, fomentar que la afición al tenis de mesa sea una vivencia en familia y no sólo la actividad de uno de sus integrantes.

13.7. REFERENCIAS

Borrull, Riera & Martí (2017). Deporte y educación en la Penya, un modelo de cantera para la formación integral de personas y jugadores/as. RACO. Extraído de https://www.raco.cat/index.php/EducacioSocial/article/view/320678/414003

ANEXO 1: FICHAS CON EJEMPLOS DE JUEGOS Y ACTIVIDADES   *(Aitor Puig)*

CALENTAMIENTO		
Cementerio		
Instrucciones		
Todos los jugadores tienen una pala. Uno de los jugadores tiene una pelota y tiene que intentar "matar" a los demás compañeros tirándoles la pelota con la pala. Se puede hacer con dos campos o en un espacio libre, donde cuando si el que te ha eliminado a ti queda eliminado, tú vuelves a jugar.		
Objetivo Principal	*Eje trabajo*	2
Activar el cuerpo	*Mesas*	0
Objetivos Secundarios	*Jugadores*	3 a 12
· Mejorar la puntería	*Material necesario*	
· Actitud dinámica	Palas	
· Evitar situaciones peligrosas	Pelotas	
Rol del entrenador	Objetivos Jugador	
· Dinamizar el juego	· Ser lo suficientemente ágil para no quedar eliminado	
· Evitar que todos vayan contra el mismo	· Controlar la fuerza y la dirección del tiro	
· Incentivar la participación de todos		
Variantes	Tipo ejercicio	
Se puede jugar permitiendo salvar al jugador que usa la pala como escudo de la pelota.	Calentamiento	

Números		
Instrucciones		
El entrenador da una serie de ejercicios físicos relacionados con el tenis de mesa o con la coordinación. Cada ejercicio tiene un número o un color asociado, y cuando el entrenador da ese estímulo, los jugadores tienen que hacer el ejercicio correspondiente lo más rápido posible		
Objetivo Principal	*Eje trabajo*	2
Disminuir el tiempo de reacción ante un estímulo	*Mesas*	0
Objetivos Secundarios	*Jugadores*	De 3 a 12
· Trabajar la coordinación	*Material necesario*	
· Trabajar aspectos psicomotrices relacionados con el tenis de mesa	Tarjetas de colores	
Rol del entrenador	Objetivos Jugador	
· Dar el estímulo	· Estar activo	
· Adaptar el juego en función de las capacidades	· Acertar con la acción a realizar	
· Aumentar la dificultad progresivamente	· Realizar los ejercicios correctamente	
Variantes	Tipo ejercicio	
Si el estímulo es visual (tarjetas de colores) el trabajo estará más relacionado con el tenis de mesa que si el estímulo es sonoro.	Calentamiento	

Marcianitos

Instrucciones

Los jugadores se ponen en fila de espalda a la pared. El entrenador, a unos 3 metros de ellos, tendrá que tirar pelotas intentando tocar a los niños y niñas y estos tendrán que intentar esquivar las pelotas moviéndose en lateral.

Objetivo Principal		*Eje*	2
Trabajar los reflejos		*Mesas*	0
Objetivos Secundarios		*Jugadores*	De 1 a 4
· Desplazamiento lateral		*Material necesario*	
· Activación		Pelotas	
Rol del entrenador		Objetivos Jugador	
· Tirar pelotas		· Esquivar la pelota	
· Hacer el rol de una nave que dispara a los		· Intentar ser el último en ser eliminado	
"marcianitos"			
Variantes		Tipo ejercicio	
La frecuencia y la rapidez de las pelotas, tiene que ir variando para que el juego no se haga aburrido, siempre adaptándonos a las distintas edades.		Calentamiento	

EJERCICIOS Y JUEGOS FUERA DE LA MESA

La Isla

Instrucciones

Un jugador tiene que poner en el suelo una cuerda en forma de círculo al que llamará Isla y fuera de la isla hay tiburones. Se trata de que el jugador tiene que hacer controles o toques pala-pelota y si sale de la isla pierde una vida.

Objetivo Principal		*Eje trabajo*	2
Aprender a controlar la pelota con la pala		*Mesas*	0
Objetivos Secundarios		*Jugadores*	1 a 8
· Añadir presión de forma divertida para que no salgan de la isla		*Material necesario*	
		Palas	Cuerdas
		Pelotas	
Rol del entrenador		Objetivos Jugador	
· Enfatizar en el hecho de no salir de la isla		· Fijarse en no perder el equilibrio	
· Hacer de "tiburón"		· Mantener el control de la pelota	
Variantes		Tipo ejercicio	
Si hay un grupo grande de jugadores, puede haber niños que hagan de habitantes de las islas y otros que hagan de tiburones.		Fuera de la mesa	

Los castillos

Instrucciones

Cada jugador o grupo de jugadores tiene una cesta con pelotas dentro. Les contamos que las cestas son sus castillos y que las pelotas son un tesoro. Repartimos las cestas de cada equipo por el espacio que tengamos y ellos tiene que ir a robar pelotas de otras cestas y traerlas controlándola con la pala hasta su castillo.

Objetivo Principal	Eje trabajo	2
Aprender a controlar la pelota con la pala	Mesas	0
Objetivos Secundarios	Jugadores	4 a 16

Objetivos Secundarios	Material necesario	
· Activación física		
· Estrategria de equipo	Palas	Cestas
	Pelotas	

Rol del entrenador	Objetivos Jugador
· Evitar que todos vayan contra uno · Intentar igualar los equipos · Animar a los jugadores a robar más tesoros	· Intentar controlar la pelota e ir lo más rápido posible · Escoger a qué equipo tienes que robar para tener más posibilidades de ganar

Variantes	Tipo ejercicio
Se puede añadir dificultad, haciendo que si la pelota se les cae, tienen que devolverla a su origen. Que no puedan ir dos veces seguidas al mismo castillo. Se puede hacer en equipos y que vayan saliendo por turnos o incluso todos a la vez.	Fuera de la mesa

Mini Golf		
Instrucciones		
Ponemos un objeto o una marca simulando un agujero de golf (como una meta). Los jugadores desde una distancia tienen que tirar con la mano o con la pala hasta llegar a la "meta". Se pueden poner objetos que dificulten la tarea y a otro nivel para tener que hacer efectos para poder llegar al objetivo.		
Objetivo Principal	Eje	2
Mejorar la puntería y el control	Mesas	1
Objetivos Secundarios	Jugadores	de 2 a 4
· Mejorar la capacidad de producir efecto	Material necesario	
· Entender los efectos y trayectorias fuera de la mesa	Palas	Cesta
· Relajación del brazo para golpear la pelota	Pelotas	Cuerda
Rol del entrenador	Objetivos Jugador	
· Adaptar la dificultad de la tarea	· Llegar al objetivo lo antes posible	
· Indicar si es necesario la trayectoria correcta	· Controlar fuerza y dirección del golpeo	
	· Concentrarse en el espacio donde hay que dirigir la pelota	
Variantes	Tipo ejercicio	
Se pueden trabajar todos los efectos y	Fuera de la mesa	

Los Globos		
Instrucciones		
Hacer toques con globos es una opción perfecta para empezar a familiarizarse con la pala. El objetivo de no dejar caer el globo al suelo será un asequible pero estarán en movimiento e irán cogiendo práctica si de entrada les cuesta controlar la pelota reglamentaria.		
Objetivo Principal	*Eje*	2
Familiarizarse con la pala	*Mesas*	0
Objetivos Secundarios	*Jugadores*	De 1 a 10
· Capacidad de reacción	*Material necesario*	
· Variar la posición en función de la dirección que toma el globo	Palas	
	Globos	
Rol del entrenador	Objetivos Jugador	
· Poner objetivos	· Evitar que el globo toque el suelo	
· Tocar o desplazar los globos para añadir dificultad	· Controlar el gesto para facilitar el siguiente toque	
Variantes	Tipo ejercicio	
Se puede trabajar en pareja, poniendo una valla en medio, simulando un partido de tenis. También se puede jugar en grupo, donde lo tiene que tocar una vez cada uno.	Fuera de la mesa	

El Lanzamiento Perfecto

Instrucciones

Colocamos una cesta en el suelo y colocamos el jugador en posición inicial de saque. El jugador, con la palma de la mano tendrá que levantar la pelota y que esta entre en la cesta que está en el suelo, para practicar el lanzamiento en vertical.

Objetivo Principal		*Eje*	2
Primeros pasos para hacer un servicio legal		*Mesas*	0
Objetivos Secundarios		*Jugadores*	1 o 2
· Destreza y habilidad		*Material necesario*	
		Pelota	
		Cesta	
Rol del entrenador		Objetivos Jugador	
· Colocar bien al jugador para que el lanzamiento vertical		· Lanzar la pelota en vertical	
coincida con la cesta		· Aprender la importancia del cuerpo en el servicio	
· Corregir y explicar la posición correcta para sacar			
Variantes		Tipo ejercicio	
Se pueden poner 2 e incluso 3 jugadores por cesta y así se genera un juego de confrontación para ver quien encesta más veces.		Fuera de la mesa	

El Circuito		
Instrucciones		
El jugador tendrá que superar un circuito montado por el entrenador. En función del nivel puede ser botando la pelota en el suelo, llevando la pelota sobre la pelota o haciendo toques. El circuito puede variar pero incluirá los siguientes elementos: desplazamiento lateral, desplazamiento en profundidad y escalera de coordinación. Puede incluir saltos, retos con la pala y la pelota, *sprints*...		
Objetivo Principal	*Eje*	2
Trabajar la coordinación	*Mesas*	0
Objetivos Secundarios	*Jugadores*	1 o 2
· Destreza y habilidad	*Material necesario*	
· Velocidad	Pelota	Escalera
	Pala	
Rol del entrenador	Objetivos Jugador	
· Montar un circuito adaptado al nivel	· Realizar bien todos los elementos del circuito	
· Incluir elementos específicos	· Tener una actitud dinámica	
Variantes	Tipo ejercicio	
El circuito se puede realizar por tiempo, cronometrando desde el inicio del circuito hasta la meta, penalizando si se le ha caído la pelota, pero con el objetivo de vayan lo más rápido posible una vez dominan los distintos elementos del circuito.	Fuera de la mesa	

MULTIBOLAS

La serpiente

Instrucciones

Colocamos cestas con forma de serpiente en un lado de la mesa. Explicamos a los niños que deben introducir la pelota de forma ordenada empezando por la cola de la serpiente hasta acabar en la cabeza. Una vez hayan acertado con la primera cesta, deberán continuar por la siguiente, siguiendo rigurosamente el orden.

Objetivo Principal	Eje	2
Trabajar la puntería	Mesas	1
Objetivos Secundarios	Jugadores	de 2 a 4
· Ejercicio para trabajar la colocación y profundidad del saque	Material necesario	
· Ejercicio para trabajar la colocación y profundidad de la cortada	Palas	Cestas
· Mejorar la precisión de los golpes	Pelotas	Mesa
Rol del entrenador	Objetivos Jugador	
· Controlar el juego de los jugadores	· Intentar aguantar la presión	
· Añadir tensión a los partidos, animando	· Asegurar los puntos en finales de partido	
· Animar a los jugadores	· Evitar estar en la zona de la bomba	
· Controlar el tiempo		
Variantes	Tipo ejercicio	
El ejercicio lo pueden hacer varios jugadores solos, desde un lado de la mesa, tirando con la mano o haciendo saques y también se puede hacer con multibolas, siendo el entrenador quien les lance las pelotas desde el lado del campo donde están las cestas.	En la mesa / Multibolas	

El 3 en raya

Instrucciones

El entrenador coloca 9 cestas en su lado de la mesa simulando un tablero de 3 en raya. Los jugadores, divididos en dos equipos estarán en el otro campo y recibirán las pelotas del entrenador. Tienen que canastar las pelotas en las cestas hasta que su equipo consiga el 3 en raya

Objetivo Principal	Eje	2
Colocación de golpes básicos	Mesas	1
Objetivos Secundarios	Jugadores	De 4 a 8
· Cohesión grupal	Material necesario	
· Juego de confrontación	Cestas	
· Trabajo de variación de profundidad de la cortada	Pelotas	
Rol del entrenador	Objetivos Jugador	
· Tirar pelotas	· Apuntar a la cesta oportuna	
· Ayudar en caso que no vean claro como	· Animar a sus compañeros	
llegar a hacer el 3 en raya		
Variantes	Tipo ejercicio	
Se puede hacer que cuando un equipo mete una pelota en la cesta, esta ya queda fija, pero es más divertido si el otro equipo tiene la posibilidad de robarle la cesta canastando su pelota en una ocupada.	Multibolas	

El Portero

Instrucciones

El entrenador o entrenadora tira pelotas libres por toda la mesa con una frecuencia alta. El objetivo del jugador será únicamente el de tocar la pelota (no puede dejar que le marquen gol) y para ello tendrá que desplazarse a la máxima velocidad posible.

Objetivo Principal	Eje trabajo	2
Buscar la actitud dinámica en los jugadores	Mesas	1
Objetivos Secundarios	Jugadores	2 a 4
· Mantener la pala arriba	**Material necesario**	
· Jugar con la pala y el codo delante del cuerpo	Palas	Mesa
· Recuperación tras un desplazamiento	Pelotas	
Rol del entrenador	**Objetivos Jugador**	
· Ajustarse al nivel del jugador	· Reaccionar para llegar a la pelota	
· Crear un ambiente competitivo con el jugador	· Hacer lo posible para tocar la pelota · Si es un jugador de más nivel, tiene que exigirse meter la pelota dentro.	
Variantes	**Tipo ejercicio**	
Se puede hacer un partido con el jugador, cada pelota salvada por él son 5 puntos, pero cada vez que le marcamos un gol, 5 para el entrenador. Con más de dos jugadores, cada vez que reciben un gol, tiene que ponerse a la cola.	Multibolas	

Busca el Hueco		
Instrucciones		

El entrenador tira multibolas al jugador A. El jugador B está en el lado opuesto al jugador A. Cuando el entrenador tira la pelota, el jugador B se tiene que desplazar y el objetivo del jugador A es no tocar al jugador B, tirando la pelota lo más alejada posible.

Objetivo Principal	*Eje tra-bajo*	*2 y 3*
Trabajar la colocación de la pelota	*Mesas*	1
Objetivos Secundarios	*Jugadores*	2
	Material necesario	
· Desplazamiento lateral del jugador B	Palas	Mesa
· Trabajo de observación del jugador A	Pelotas	

Rol del entrenador	Objetivos Jugador
· Tirar multibolas	· El jugador A debe fijarse en el B
· Correcciones técnicas al jugador A	· El B hacer el desplazamiento lateral
· Animar al jugador B a moverse rápido	

Variantes	Tipo ejercicio
Se puede aumentar la dificultad subiendo la frecuencia de las multibolas o haciendo que el jugador B se desplace cada vez más tarde para que A tenga menos tiempo de reacción. Otra posible variante es que el jugador B trabaje el bloqueo, entonces A tendrá que tirar la pelota donde esté B.	Multibolas

La sombra

Instrucciones

El entrenador tira multibolas al jugador A. El jugador B se coloca dos metros del jugador A y tiene que hacer los mismos movimientos, pero sin pelota

Objetivo Principal	Eje trabajo	2
Trabajar el desplazamiento y la técnica sin pelota	Mesas	1
Objetivos Secundarios	Jugadores	2
· Aprovechar el tiempo, evita que el jugador B esté parado	Material necesario	
· Asimilación de los golpes y coordinación para ir al mismo ritmo que el compañero	Palas	Mesa
	Pelotas	
Rol del entrenador	Objetivos Jugador	
· Tirar multibolas	· El jugador B debe fijarse en el A	
· Correcciones técnicas al jugador A	· Correcta ejecución de los golpes	
· Animar al jugador B a moverse rápido	· Desplazamiento lateral	
Variantes	Tipo ejercicio	
Se puede aumentar la dificultad si tiramos pelotas de forma irregular al jugador A y el jugador B tendrá que estar atento y mejorará su capacidad de reacción	Multibolas	

EJERCICIOS Y JUEGOS EN LA MESA

Check Point

Instrucciones

Con ejercicios muy sencillos, marcaremos objetivos por tiempo. Por ejemplo, en 2 minutos tienen que hacer 20 veces derecha a derecha. Una vez completado, el siguiente ejercicio tendrán que llegar 40 veces. Los que no hayan llegado en el primer periodo, no pueden avanzar y su objetivo sigue siendo 20. Al final del tiempo (por ejemplo: 10 minutos, aumentando 20 toques cada 2 minutos, los que hayan llegado a 100 ganan)

Objetivo Principal	*Eje*	2 y 3
Evitar el error	*Mesas*	de 2 a 8
Objetivos Secundarios	*Jugadores*	de 4 a 16
· Trabajo específico de un golpe	*Material necesario*	
· Concentración para contar los golpes	Palas	
· Competitividad para llegar al objetivo	Pelotas	
Rol del entrenador	Objetivos Jugador	
· Controlar el tiempo	· Controlar el golpe	
· Intentar evitar las trampas	· Dirigir bien el golpe para mi compañero	
· Corrección técnica		
· Adaptar la dificultad al nivel de los jugadores		
Variantes	Tipo ejercicio	
Se puede hacer que quien no llegue en una ronda, quede eliminado. El juego tiene más presión, pero no lo recomendaría para iniciación porque lo que nos interesa es que practiquen e intenten conseguir objetivos alcanzables	En la mesa	

El espadachín

Instrucciones

Colocamos una cuerda sobre la mesa en forma de círculo. El jugador tiene que alternar un bote en la mesa dentro del círculo con un toque con la pala de la forma más vertical posible. La posición que debe tener el jugador nos puede parecer a un espadachín o a la esgrima.

Objetivo Principal	Eje	2
Mejorar el control pala-pelota en la mesa	Mesas	1
Objetivos Secundarios	Jugadores	de 2 a 4
· Trabajar la colocación del cuerpo para el juego corto	Material necesario	
· Mejorar la precisión del golpe de derecha o revés	Palas	Cuerda
	Pelotas	Mesa
Rol del entrenador	Objetivos Jugador	
· Ajustar la dimensión del círculo al nivel	· Colocar la pierna debajo de la mesa	
del jugador/a	· Controlar la fuerza y dirección	
· Motivar poniendo objetivos	· Concentrarse en el espacio donde hay	
	que dirigir la pelota	
Variantes	Tipo ejercicio	
Se puede añadir el desplazamiento hacia delante, poniendo un cono al que el jugador tiene que llegar, tirando para atrás, después de cada golpeo. Se puede hacer por parejas y hacerlo competitivo.	En la mesa	

Mini Ping Pong

Instrucciones

Los jugadores se ponen en el lateral de la mesa y usan la línea de dobles como red. Tienen que hacer toques con golpes de control jugando en la mitad de la mesa.

Objetivo Principal		Eje trabajo	2
Facilitar el intercambio de peloteo		Mesas	1
Objetivos Secundarios		Jugadores	2 o 4
· Aumentar el control pala-pelota en la mesa		Material necesario	
· Trabajar los mini-golpes como parte de la técnica en iniciación		Palas	Mesa
· Tener la pala arriba y por delante del cuerpo		Pelotas	
Rol del entrenador		Objetivos Jugador	
· Correcciones técnicas		· Concentración buscando evitar el error	
· Insistir en la importancia de no fallar		· Perfeccionar el golpe de derecha o revés	
· Ponerse en la mesa para facilitar el ejercicio			
· Animar a los jugadores y poner objetivos			
Variantes		Tipo ejercicio	
Se puede ampliar el campo y jugar por todo el lateral de la mesa, haciendo la mariposa o toques libres aumentando la dificultad y añadiendo el desplazamiento lateral.		En la mesa	

Doble toque

Instrucciones

Juego libre entre dos compañeros donde cada uno tiene que golpear la pelota obligatoriamente dos veces antes de lanzarla al otro campo.

Objetivo Principal		Eje trabajo	2 y 3
Mejorar el control pala pelota		Mesas	1
Objetivos Secundarios		Jugadores	2 o 4
· Forzar los desplazamientos de ajuste de los pies		*Material necesario*	
· Mejorar la plasticidad del brazo y de la mano		Palas	Mesa
		Pelotas	

Rol del entrenador	Objetivos Jugador
· Ayudar si es necesario lanzando él las pelotas	· Amortiguar la pelota en el primer toque
· Marcar objetivos	· Recolocarse para poder lanzar la pelota
· Aumentar la dificultad progresivamente	al otro campo

Variantes	Tipo ejercicio
Se puede aumentar el número de toques obligatorios para añadirle incertidumbre sobretodo si se hace de forma competitiva. También se puede hacer dejando muerta la pelota, después del primer control, para mejorar las capacidades de amortiguar y acompañar.	En la mesa

Doble bote

Instrucciones

El juego se desarrollará como si todo el rato jugáramos haciendo un saque, con un bote en mi campo y otro bote en el del rival.

Objetivo Principal		Eje trabajo	2 y 3
Provocar que la tendencia del cuerpo sea adelante		Mesas	1
Objetivos Secundarios		Jugadores	2 o 4
· Aumentar el número de toques entre jugadores		*Material necesario*	
· Mejorar la inclinación de la pala cerrada		Palas	Mesa
		Pelotas	

Rol del entrenador	Objetivos Jugador
· Ayudar si es necesario lanzando él las pelotas	· Controlar el primer bote
· Marcar objetivos	· Vigilar la inclinación de la pala
· Animar a buscar molestar al rival	· Conseguir el máximo control

Variantes	Tipo ejercicio
Es un juego que fácilmente se puede hacer de forma cooperativa o competitiva.	En la mesa

El Saque Perfecto

Instrucciones

En una mesa marcamos con dos folios de papel los botes que tendría que deberían darse para realizar un servicio. Si queremos que nuestro jugador realice un saque rápido, colocaremos los papeles cerca de la línea de fondo y si queremos un saque rápido, más cerca de la red. El jugador o jugadores tienen que contar las veces que consiguen el saque perfecto que dé los dos botes en los dos papeles.

Objetivo Principal		Eje trabajo	2
Entrenar el saque		Mesas	1
Objetivos Secundarios		Jugadores	De 1 a 4
· Entender donde tiene que botar la pelota en nuestro campo		**Material necesario**	
· Practicar distintos saques		Palas	Papel
		Pelotas	

Rol del entrenador	Objetivos Jugador
· Explicar cómo conseguir cada tipo de saque	· Realizar un saque legal
· Intentar que los saques sean legales	· Entender la trayectoria de la pelota
· Variar cuando sea necesario para que no sea aburrido	· Coordinar todos los elementos para realizar un buen saque
Variantes	**Tipo ejercicio**
A medida que vayan mejorando, se pueden añadir objetos para dificultar la tarea, como poner un palo y que la pelota tenga que pasar por debajo para controlar la altura del saque, o añadir un tercer papel que marcaría la trayectoria del saque si queremos trabajar los efectos.	En la mesa

JUEGOS COMPETITIVOS
El último superviviente

Instrucciones

Todos los jugadores jugarán en una sola mesa. El entrenador decide el orden en el que van saliendo por sorteo. Salen los dos primeros jugadores y hacen un partido a 3 puntos. El que gana sigue y el que pierde queda eliminado, hasta que quede un solo ganador.

Objetivo Principal		*Eje trabajo*	3
Aumentar el nivel competitivo		*Mesas*	1
Objetivos Secundarios		*Jugadores*	De 4 a 8
· Aprender a aceptar situaciones de desigualdad		*Material necesario*	
· Al jugar en una sola mesa, aumenta la presión		Palas	Mesa
		Pelotas	
Rol del entrenador		Objetivos Jugador	
· Añadir de forma moderada presión al juego		· Ser capaz de jugar con presión	
· Animar a los jugadores durante los partidos		· Evitar errores ya que son partidas cortas	
Variantes		Tipo ejercicio	
La participación del entrenador en este juego añadirá dificultad para los jugadores, pero también creará una cohesión de grupo, porque normalmente irán a favor del compañero que se enfrente al entrenador.		Juegos competitivos	

Todos contra uno

Instrucciones		
Jugar un partido en el que un equipo está formado por 1 jugador superior a nivel técnico y el otro equipo por el resto de jugadores. El jugador 1 es fijo, mientras que los miembros del otro equipo van jugando un punto cada uno. Cada equipo tendrá un número de puntos a alcanzar como objetivo. El jugador 1 siempre tiene que conseguir llegar a más puntos que el equipo para que sea más igualado (Por ejemplo 30 a 10)		
Objetivo Principal	*Eje trabajo*	3
Poner presión al jugador de más nivel	*Mesas*	1
Objetivos Secundarios	*Jugadores*	De 4 a 8
· Reforzar los lazos entre un grupo de jugadores	*Material necesario*	
· Al jugar en una sola mesa, aumenta la presión	Mesa	Pala
· Cuando los objetivos son desiguales	Pelotas	
Rol del entrenador	Objetivos Jugador	
· Ser el jugador que va solo · Añadir de forma moderada presión al juego · Animar a los jugadores durante los partidos	· Ser capaz de jugar con presión · Los del segundo equipo tienen que arriesgar para hacer el punto	
Variantes	Tipo ejercicio	
Lo más sencillo es que cada ronda saque un equipo. Es decir, si hay 6 jugadores en el equipo, el jugador de más nivel sacará él durante una ronda (6 puntos) y la siguiente ronda siempre restará.	Juegos competitivos	

La Bomba

Instrucciones

Es un juego por tiempo. Se hacen partidos entre dos jugadores empezando 5 a 5, y como es un grupo impar, uno empieza fuera de la mesa, a lo que llamaremos zona de la bomba. Una vez iniciado y cuando en una mesa, un partido se acaba, el que ha perdido sale, y el que estaba fuera, entra en su lugar y en esa mesa se vuelve a empezar el partido y así progresivamente. Una vez que se acabe el tiempo y suene el temporizador, al jugador que está fuera, le estalla la bomba y pierde el juego.

Objetivo Principal		Eje	3
Jugar bajo presión		Mesas	de 2 a 8
Objetivos Secundarios		Jugadores	Impar
· Trabajo específico de un golpe		Material necesario	
· Concentración		Temporizador	Palas
· Competitividad para llegar al objetivo		Pelotas	Mesas
Rol del entrenador		Objetivos Jugador	
· Controlar el juego de los jugadores		· Intentar aguantar la presión	
· Añadir tensión a los partidos, animando		· Asegurar los puntos en finales de partido	
· Animar a los jugadores		· Intentar no estar en la zona de la bomba	
· Controlar el tiempo			
Variantes		Tipo ejercicio	
Se pueden añadir penalizaciones extras para centrarnos en partes del juego. Por ejemplo, puedes dar como instrucción, que si fallan el saque, sea cual sea el resultado, es como si hubiesen perdido el partido y tienen que ir a la zona la bomba.		Juegos competitivos	

Rueda por equipos

Instrucciones

Dos equipos. Uno a cada lado de la mesa. El orden de juego es el mismo que en un partido de dobles (un golpe cada jugador), pero cuantos más participantes haya, más divertido. El que falla, queda eliminado y el equipo que se quede sin jugadores, pierde.

Objetivo Principal	*Eje trabajo*	3
Potenciar el juego de oposición	*Mesas*	1
Objetivos Secundarios	*Jugadores*	8 a 16
· Trabajo táctico	*Material necesario*	
· Trabajo en equipo	Palas	Mesa
	Pelotas	
Rol del entrenador	Objetivos Jugador	
· Equilibrar los equipos	· No quedar eliminado	
· Crear un ambiente competitivo	· Buscar eliminar al contrario	
· Evitar el juego sucio		
Variantes	Tipo ejercicio	
Si hay un jugador muy superior al resto, puede hacerse todos contra él, reforzará al equipo ante un objetivo común de eliminar al mejor	Juegos competitivos	

VUELTA A LA CALMA

Los emoticonos

Instrucciones

El final de la sesión es el momento ideal para evaluar a los jugadores. Debemos tener un listado con los nombres de todos los jugadores/as del grupo en una pizarra o en un corcho y unos emoticonos (imprimidos en papel) que representen valores o acciones que queremos evaluar. Los mismos emoticonos que usamos a diario pueden representar lo que nosotros acordemos (un buen entreno, el saber escuchar al entrenador, ser un buen compañero, llegar tarde, mal rendimiento...) en nuestro grupo de entrenamiento. Al final del entrenamiento, otorgaremos emoticonos a los mejores (y a los que tengan que aprender a mejor algún aspecto también) colocando el emoticono que creamos conveniente al lado del jugador/a

Objetivo Principal		*Eje*	1
Valoración del rendimiento		*Mesas*	0
Objetivos Secundarios		*Jugadores*	
· Cohesión grupal		*Material necesario*	
· Aprendizaje de valores		Emoticonos	Lista nombres
· Comprender los requisitos de un buen entrenamiento			
Rol del entrenador		Objetivos Jugador	
· Valorar objetivamente el trabajo		· Aceptar la crítica	
· Intentar repartir diariamente		· Entender qué pide el entrenador	
· Explicar el motivo de los emoticonos		· Intentar conseguir un emoticono al final de la sesión	
Variantes		Tipo ejercicio	
En ocasiones, y cuando el grupo ya conoce el funcionamiento de los emoticonos, se puede proponer que se los otorguen ellos mismos o entre compañeros, para poder construir un sentimiento grupal que nos podrá ser muy útil en el desarrollo de futuras actividades		Vuelta a la calma	

El camino a la cima			
Instrucciones			
Imagina tener una representación gráfica de una montaña con un camino dibujado que llega a la cima. Entre todos, tendréis que ir pegando carteles que representen valores. Los más básicos, al principio del camino y los más complejos o exigentes, más cerca de la cima. Para elegir los valores, hay que dejar a los niños expresar, mientras nosotros les ponemos un nombre que todo el grupo identifique con facilidad			
Objetivo Principal		*Eje*	1
Aprendizaje de valores		*Mesas*	0
Objetivos Secundarios		*Jugadores*	Indefinido
· Cohesión grupal		*Material necesario*	
· Aprendizaje de valores		Mural	
· Comprender los requisitos de un buen entrenamiento		Tarjetas	
Rol del entrenador		Objetivos Jugador	
· Mediar ante las propuestas de los deportistas		· Proponer ideas	
· Asignar un nombre correcto a los valores		· Dejar opinar a todo el mundo	
· Fomentar la participación de todo el grupo			
Variantes		Tipo ejercicio	
Cada grupo de entrenamiento puede tener unos valores distintos, en función de la edad o la ambición que tenga el grupo. Se puede usar el mismo mural para los distintos grupos, asignando distintos colores a las tarjeta, así los más pequeños sabrán qué valores adoptar si quieren llegar a grupos superiores.		Vuelta a la calma	

Sesión de entrenamiento			
Objetivo general		Duración	
		Nivel	
		Mesas	
		Jugadores	
Objetivos secundarios		Material	
Calentamiento		Anotaciones	
Duración	Ejercicio		
Parte Principal		Anotaciones	
Duración	Ejercicio		
Vuelta a la calma		Anotaciones	
Duración	Ejercicio		
Observaciones y valoración